Das grosse 1×1
der Bio-Küche

Erica Bänziger

Das grosse 1×1 der Bio-Küche

Rezepte | Warenkunde | Ernährung | Porträts

FONA

Herzlichen Dank den porträtierten Menschen / Firmen, die uns die Zeit für einen vertieften Einblick in ihren Bio-Alltag geschenkt haben:

Andreas Beers, Rheinau
Kurt und Annina Brunner, Wernetshausen
Christoph und Luzia Meili, Pfyn
Jürg und Noppa Helbling, Rüti
Martin Ott, Rheinau
Marco und Esther Paroni, Heimenhausen
Alfred und Esther Reinhard, Rüti
Familien Rovero, Asti / Italien
Markus Schamberger, Obfelden
Christoph Scheibler, Oftringen
Beat Scheibler, Oftringen
Karl und Ingrid Schenk, Madiswil
Hans-Ruedi Schmutz, Kleindietwil
Familie Schneebeli, Obfelden
Markus Schütz, Strengelbach
Heiner Stolz, Obfelden

www.fona.ch

Lektorat Léonie Schmid
Texte Porträts Eva-Maria Wilhelm
Grafik FonaGrafik, Sabine Jäggi
Porträtbilder Markus Dlouhy, München
Rezeptbilder Andreas Thumm, Freiburg i. Br.
Claudia Albisser Hund, Basel (Seiten 83, 195)
Druck Druckerei Uhl, Radolfzell

ISBN 978-3-03780-398-1

Inhaltsverzeichnis

Wo nicht anders vermerkt, sind die Rezepte für 4 Personen berechnet.

ml	Milliliter
dl	Deziliter
l	Liter
g	Gramm
kg	Kilogramm
TL	Teelöffel
EL	Esslöffel
Msp	Messerspitze

Vorwort

Bio, griechisch bios, bedeutet Leben. Um Lebendiges geht es auch in diesem Buch. Um Lebensmittel, lebendige Nahrung. Wie und wo entsteht sie – und wie kann sie zubereitet werden, damit sie ihre Vitalität behält und ein wahrer Genuss ist? Für alle, Mensch, Tier, Pflanze. Dieses Bio-Lese-/Kochbuch ist jenen Menschen gewidmet, die sich als Teil der Natur verstehen. Diesen Menschen ist es ein Anliegen, dass die Rechnung aufgeht, und zwar für alle.

Ist «Bio» nur das Randthema einer Wohlstandsgesellschaft – oder hängt davon das Wohlergehen aller ab? Im Mai 2007 kam die Welternährungsorganisation FAO in Rom zum Schluss: «Der Biolandbau ist kein Luxus für reiche Länder, sondern er trägt besonders in den ärmeren Ländern nachhaltig zur Qualität und Sicherheit der Ernährung bei.»

Ein Beispiel: Hans Rudolf Herren, Schweizer Insektenforscher und Pionier in biologischer Schädlingsbekämpfung, konnte in Afrika eine große Hungersnot verhindern und damit schätzungsweise 20 Millionen Menschen das Leben retten – mit biologischer Schädlingsbekämpfung. Er wurde dafür mit dem Welternährungspreis ausgezeichnet. Heute setzt sich die Stiftung, die mit dem Preisgeld gegründet werden konnte, für nachhaltige Landwirtschaft ein, indem sie mit Tausenden von Kleinbauern arbeitet, damit diese auf einfachste Weise ihr Land biologisch bewirtschaften können. Herren arbeitet aber auch mit Politikern, welche Entscheidungen treffen können, die das Leben aller verändern. Und er appelliert an die Konsumenten, denn wir haben es in der Hand, ob die ökologisch produzierten Lebensmittel auch Absatz finden.

Einführung

·– 7 + 7 = 14 oder 7 × 7 = 49 –·

Der Mensch ist von allen Erdbewohnern das mit Vernunft begabte Wesen; er trägt die Verantwortung für die Erde. Wenn wir seinen Umgang mit Rohstoffen, Nahrungsmitteln und anderen Schätzen anschauen, wird eines offensichtlich: Der «zivilisierte» Mensch ist ein Verbraucher; er nimmt sich, was er kann. Es gibt aber auch den Typ des Nutzers, der sich gleichzeitig als Nehmenden und Gebenden versteht.

Der Verbraucher hat eine addierende Grundhaltung. Diese wurzelt tief und gilt in unserer Gesellschaft als normal; deswegen hinterfragen wir sie kaum. Ohne dass wir es merken, denkt etwas in uns die ganze Zeit: Ich füge eins zum andern, häufe an, damit ich am Schluss mehr habe als am Anfang. Ich nehme, solange etwas da ist, ja, ich nehme es ohne Skrupel einem andern weg, wenn ich es haben will, denn es zu haben, wird mich vielleicht glücklich machen. Der Verbraucher macht bei allem die Rechnung, indem er eine Summe bildet, um zu wissen, ob sich etwas für ihn gelohnt hat. Ein Minus ist immer ein Verlust. Aus dieser Haltung heraus füllt er sich an mit Nahrung. Der Verbraucher kann Konsument, Produzierender oder Händler sein. Er kann eins und eins zusammenzählen. Für den marktorientierten Addierer ist alles überschaubar, linear.

Anders der Mensch, der heute gefragt ist, der Nutzer. Er hat immer auch das Leben anderer im Bewusstsein, die ihm zum Leben verhelfen. Er stellt die Frage nach der Lebensqualität für alle – und nicht kurzsichtig nur nach seinem persönlichen Gewinn. Er ahnt, dass alle Gewinner sein müssen, damit nicht schließlich alle zu Verlierern werden.

Hier entsteht unter allen Beteiligten eine Multiplikation. Auf den ersten Blick ist oft nicht durchschaubar, welche Interaktion mit wem zu welchem Resultat führt. Aber schließlich entsteht viel mehr als die Summe aller Teile – es entsteht ein Produkt.

Jeder sieht sich als Teil eines Ganzen. Denn auf der einen Seite steht der Genießer, der sich ein charaktervolles Gemüse, einen duftenden Apfel, den Käse einer glücklichen Kuh wünscht, auf der andern Seite steht der Bauer, der mit der Natur zusammen arbeitet – und dann gibt es noch die Produkte mit ihrer Lebensgeschichte, die oft genug bedrückend ist: Dies alles «genießt» der Konsument unweigerlich mit.

Wer mit allen Sinnen genießt, gewinnt nach und nach ein Bewusstsein für Qualitäten; er schmeckt nicht nur intensiver und feiner, sondern nimmt auch wahr, wie es den Lebensmitteln ergangen ist oder ergehen sollte, damit sie tatsächlich lebendig und harmonisch sind und wirken.

·– Die genussvolle Revolution? –·

Je mehr der Mensch sich wieder als Teil der Natur sieht, desto größer wird sein Respekt vor Pflanzen und Tieren. Die meisten Erfindungen der Menschen wurden von der Natur inspiriert. Sie ist unsere Grundlage, ihr verdanken wir unseren Körper und das, was ihn erhält.

Schon immer hat der Mensch gerne gegessen. Mahlzeiten sind Feierstunden, nicht nur, weil das Überleben einmal mehr gesichert ist. Essen ist sinnlich und macht zufrieden; vielen schmeckt es nur in Gemeinschaft so richtig, andere haben entdeckt, dass auch eine allein eingenommene Mahlzeit ein Fest sein kann. Denn wer genießt, ist nicht allein. Heute geht es um eine neue Art des Genusses: Alle Beteiligten des Lebensmittelkreislaufes sind darin eingeschlossen; Genuss muss für den Kopfsalat genauso möglich sein wie für die Kuh, für den Bauern genauso wie für den Konsumenten. Es geht nicht nur um Nahrungsaufnahme, sondern ganz umfassend um Lebensqualität von Tieren, Pflanzen und Menschen.

Genießen ist nicht Luxus, sondern könnte schon fast als eine Notwendigkeit bezeichnet werden. Denn wer genießt, ist ganz in der Gegenwart – und mitten drin in einem Bewusstseinsprozess, der Folgen haben wird. Auch wenn die folgenden Sätze paradox klingen mögen – wer ihnen nachsinnt, wird einen Zusammenhang erkennen: Genießen, damit der zunehmenden Verödung der Böden und Landschaften weltweit Einhalt geboten werden kann. Damit die bedrückende Verarmung oder gar Unerträglichkeit der Lebensbedingungen von Pflanzen und Tieren ein Ende hat. Und damit der Mensch sich nicht immer weiter von seinem Körper entfernt und immer virtueller lebt. Denn ein verlassener Körper verödet genauso wie unbebaute Erde und wird krank.

Ob bei der Arbeit oder beim Essen: Ein genießender Mensch ist präsent in seinem Körper und auf der Erde. Er verliert sich nicht an Illusionen, sondern entwickelt Visionen, die unsere Zeit so dringend nötig hat.

Den Genießer der Zukunft erkennt man daran, dass er sich Lebensmittel nicht als Kompensation für erlebte Frustrationen einverleibt, sondern durch seine Hingabe eine neue Qualität entstehen lässt. Denn zum einen ist da die Verdauung, welche Gemüse & Co in für den Körper verfügbare Energie zurückverwandelt. Darüber hinaus jedoch schenkt der genießende Mensch der Natur mit seiner Wertschätzung seelische Energie. Diese ist eine Art von biologischer Düngung, die erst noch erforscht werden muss ...

Ein einzelner Genießer ist ein Anfang – viele Genießer werden unsere Lebensmittelkultur verändern. Und da wir heute weltweit vernetzt sind, wird sich diese Entwicklung nicht nur innerhalb der Wohlstandswelt abspielen, sondern sich insbesondere auch auf die Gebiete auswirken, welche bisher ein Opfer der Ausbeutung gewesen sind.

·– Bio – eine Frage des Geldbeutels? –·

Noch denken viele, dass sie sich hochwertige, oft in Handarbeit produzierte, unbelastete Lebensmittel gar nicht leisten können, denn sie kosten in den allermeisten Fällen mehr als konventionell und industriell produzierte Produkte. Aber das Gegenteil ist wahr: Lebendige Lebensmittel sättigen und befriedigen besser – kein Wunder, sind sie doch selbst «gesättigt» und nicht dank Chemie im Expressverfahren hochgeschossene Blender, hinter deren imposanter Erscheinung oft viel Leere gähnt. Das geschrumpfte Steak in der Pfanne ist dafür nur ein Beispiel, genauso wie die vielen raffinierten Lebens-Ersatz-Goodies, die vor der inneren Leere retten sollen, jedoch erbarmungslos immer weiter in sie hinein führen und mit der Zeit süchtig machen.

Der Entscheid, bewusster einzukaufen und zu genießen, kann von heute auf morgen gefällt werden. Aber danach folgt ein Prozess, in dem sich die Gewohnheiten und Gelüste erst allmählich verändern. Und schon bald kann sogar eine Entlastung des monatlichen Haushaltsbudgets spürbar werden. Denn vielleicht werden auf einmal Dinge wieder selbst gemacht, die vorher als teure Fertigprodukte ins Haus kamen. Vielleicht muss man nicht mehr Unmengen verschiedenartigster Vorräte im Haus haben, welche häufig nach Verfalldatum weggeworfen werden müssen. Weniger kann auf einmal mehr sein – oft purzeln gar überflüssige Pfunde. Und bei vielen wird im Laufe der Zeit echte Lebensfreude spürbar, Freude, die sich über die vitalstoffreichen Lebensmittel mit uns verbindet. Vorausgesetzt, die Lebewesen der Natur können sich wieder oder weiter freuen, weil sie ein lebenswertes Leben haben, bevor sie uns nähren. Und vorausgesetzt, die Produzenten haben Lebensbedingungen und Löhne, die sie ihre Arbeit in Freiheit und Freude tun lassen. Denn sie sind die eigentlichen Helden der Zivilisation.

Die Ressourcen

Zusammenfassung eines Referats von Martin Ott, Sativa Rheinau AG, Stiftungspräsident FIBL

Der Boden

Ein Kaffeelöffel voll Erde aus biologischer Landwirtschaft enthält etwa so viele Lebewesen, wie Menschen derzeit die Erde bevölkern. Jedes dieser Lebewesen ist hoch differenziert; es reagiert auf die wechselnden Umstände, auf Wärme, Säure usw., indem es selber chemische Prozesse auslöst, die seine Lebensbedingungen verbessern. Und jedes dieser unendlich kleinen Lebewesen steht in Beziehung zu den anderen, kommuniziert und interagiert. Die Grenze zwischen Boden und Pflanze ist aufgehoben, die Umgebung und sie sind im Übergang eins. Aber noch ist diese lebendige mineralische Substanz, die Grundlage des stofflichen Lebens, nahezu unerforscht.

Die Erde ist ein Organismus für sich – so wie das eine Pflanze oder ein Mensch auch ist. Man kann sie als Ganzes ansprechen, ihre Teile werden sich miteinander über die erhaltenen Informationen austauschen. Der Boden ist weit mehr als eine Anhäufung von Mineralien, die der Pflanze als Nährstoff zur Verfügung stehen. Er ist ein komplexes Lebewesen, das wie der Mensch ausgelaugt und dann krank werden kann. Die biologische Landwirtschaft investiert in den Boden. Was sie ihm mit der Ernte seiner Frucht entzieht, gibt sie ihm wieder zurück. Biologisch bebauter Boden wird im Lauf der Jahre immer lebendiger und fruchtbarer.

Die Pflanzen

Für die Wissenschaftler recht überraschend zeigen in neuster Zeit verschiedene Studien, dass die Pflanze als ein Organismus mit Intelligenz und einer Art von Gefühlsleben angesehen werden muss. Pflanzen kommunizieren mit ihrer Umwelt. So kann eine Tomatenstaude, die von einem Schädling befallen wird, blitzschnell die genaue Information über diesen an ihre Nachbarn weitergeben. Diese scheiden innerhalb von kurzer Zeit das Gegengift aus und sind so bei einem Angriff gewappnet. Die Lima-Bohne etwa hat rund 100 verschiedene «Buchstaben» zur Verfügung, um mit ihrer Umgebung zu kommunizieren – der Mensch gerade 24! Pflanzen sind individuell lernfähig und besitzen ein Gedächtnis. In ihrem Buch «Zellgeflüster» unternimmt Floriane Köchlin eine Traumreise in eine Wissenschaft der Zukunft.

·– Wie die Pflanzen sich ernähren –·

Ein weiteres Wunder ist, wie die Pflanze den sie umgebenden Boden mit unterschiedlichsten Mitteln dazu bringt, reichhaltige und anregende Nahrung für sie bereitzuhalten. Mit ihren Wurzeln kann sie chemische Impulse aussenden, welche im Bodenreich Kettenreaktionen auslösen, durch welche neue, sie anregende Verbindungen entstehen. Denn am liebsten nimmt sie die Nährstoffe in einem kreativ-liebevollen Spiel direkt aus der lebendigen Erde auf. Zum Trinken braucht sie reines Wasser. Wenn sie mit Nährstofflösungen abgespeist wird, ist das mit einer Zwangsernährung vergleichbar. Das Ziel biologischer Landwirtschaft ist aber immer die größtmögliche Freiheit aller einbezogenen Wesen.

·– Eine kleine Reise in die Urgeschichte –·

Für den Menschen ist die erstaunliche Funktionsweise der Pflanzen unvorstellbar – er ist nicht so offen wie sie. Dazu eine fiktive kleine Geschichte:

Zwei Einzeller unterhalten sich über Stressmomente und wie sie damit umgehen. Der eine sagt: «Unter Druck löse ich mich auf, verbinde mich mit meiner Umgebung und gehe darin auf.» Der andere: «Wenn es stressig wird, versuche ich, in die Absenz zu gehen, eine Umhüllung zu bilden, die mich schützt, und mich wenn möglich vom Ort der Unannehmlichkeiten wegzubewegen.»

Aus Ersterem entstand die Pflanzenwelt, aus Zweiterem entwickelten sich Tier und Mensch. Das Prinzip der Pflanze ist Kommunikation und Lebensströmung, ihre Eigenart ist Nicht-Eigensein. Sie ist grenzenlos und verschenkt sich ohne Zurückhaltung – man könnte auch sagen, sie verschenkt Materie gewordene Liebe. Die Pflanze verkörpert das weibliche Prinzip in der Natur.

Menschen und Tiere hingegen sind isolierte, in sich eigene Wesen. Ihre Devise ist, mit möglichst wenig Substanz einen möglichst großen Effekt zu erzielen. Sie verkörpern das männliche Prinzip der Natur.

·– Die Rechte von Pflanzen und Tieren –·

Die Ethik hat sich bisher nur mit Eigen-Wesen wie Mensch und Tier befasst. Welchen ethischen Wert aber hat das sich Verschenkende? Unsere Gesellschaft schützt die Rechte von Lebewesen; neu muss sie sich mit dem Schutz der Rechte nicht nur von Tieren, sondern auch von Pflanzen befassen. Da die Pflanze ihre Umgebung ist und umgekehrt, wird dieser Schutz auch die Qualität ihres Lebensraumes, der Landschaft und des Bodens einschließen. Der Mensch hat die verantwortungsvolle Aufgabe, die Vielfalt der Natur nicht zur Eintönigkeit verkommen zu lassen. Seine Funktion ist heute die des «Verbrauchers», er bedient sich und gibt der Natur nichts zurück. Biologische Landwirte leben nach dem Prinzip des Gebens und des Nehmens – idealerweise auf allen Ebenen.

Die Tiere

Die biologische Landwirtschaft nimmt den Begriff «Nutztiere» ernst – im Gegensatz zur industriellen Tierhaltung, welche Tiere verbraucht. Eigentlich sind nicht das Schlachten und Gegessenwerden ihr Tod, sondern das traurige Leben, die fehlende Lebensqualität und die kurze Lebenszeit. In den vergangenen Jahren schrumpfte diese drastisch. Durfte eine Kuh ursprünglich acht bis neun Kälber gebären, bevor sie geschlachtet wurde, so sind es heute im Schnitt noch knapp zwei bis drei – unter Lebensbedingungen, die oft jeglicher Freiheit und Würde entbehren. Dasselbe Drama spielt sich zum Beispiel auch bei den Hühnern und Schweinen ab...

Die Nutztiere sind ganz in der Hand des Menschen. Sie sind uns ausgeliefert. Die Art der Behandlung, die wir ihnen zukommen lassen, schlägt sich über die Emotionen in ihrem Fleisch nieder. – Und wir verleiben uns diese Emotionen dann wieder ein.

Die Menschen

Ohne Menschen keine Landwirtschaft – ohne Landwirtschaft keine Nahrung. Wenn aber Genießen in allen Bereichen das Stichwort sein soll, so muss der Mensch auch seine Arbeit in der Landwirtschaft genießen können. Die Maschinen übernehmen heute die schwere Arbeit, die ihn lange Zeit gefangen gehalten hat. Der Mensch wird dadurch frei für kreative, pflegende Arbeit, die Landwirtschaft zur echten Kultur werden lässt. Dazu gehört, dass Menschen, die in der Landwirtschaft arbeiten, sich Zeit für Kunst, Reisen und andere Interessen genauso nehmen wie die Freiheit, sich mit neuen Forschungen und Methoden in der Landwirtschaft zu beschäftigen.

Landwirt ist *der* Beruf, der für unser aller Überleben sorgt. Aber immer weniger junge Menschen entscheiden sich heute für diesen Beruf; viele Bauernhöfe werden verlassen. Land dient oft nicht mehr der Nahrungsmittelproduktion, sondern wird für Wohnungen, Industrie, Straßen usw. genutzt. Diese Entwicklung ist rund um den Erdball zu beobachten.

Wie wird Bauer zum Beruf der Zukunft? Was braucht es, damit die Menschen zur Landarbeit zurückkehren?

Die große Frage ist immer wieder die des Überlebens. Wird die Nahrungsmittelproduktion gerecht entlöhnt? Sind Subventionen notwendig – und warum? Was wäre, wenn die Gewinne, welche mit Lebensmitteln erzielt werden, zu den Produzenten zurückfließen würden?

Denn die Landwirtschaft ist kein «brotloses» Metier – die weltweit an den Börsen mit Agrargütern erzielten Riesengewinne sind der traurige Beweis dafür.

Ist es eine Frage der Politik, ob die Menschen in die Landwirtschaft zurückkehren oder gar nicht erst abwandern werden? In jedem Fall ist es der Konsument, welcher mitentscheidet, wie Lebensmittel produziert werden sollen. Wer weiß, was es braucht, bis ein Bio-Produkt in der Einkaufstasche liegt, ist vielleicht eher bereit, dafür einen gerechten Preis zu bezahlen. Und es entsprechend zu würdigen – indem er es genießt.
Ende Referatzusammenfassung

Die Menschen, die wir besucht haben, geben darauf verschiedene und sehr individuelle Antworten. Sie arbeiten alle mit Leidenschaft und aus tiefer Überzeugung mit der Natur. Keiner von ihnen arbeitet allein. Oft sind die Mitarbeiter Menschen, die in der leistungsorientierten Arbeitswelt keine Beschäftigung finden konnten.

Ein paar Gedanken zur Ernährung

·– **Der Mensch ist natürlich nicht nur, was er isst...** –·
...und trotzdem ist für unser Wohlbefinden entscheidend, was wir einkaufen, wie wir Frischkost lagern, zubereiten und kombinieren. Eine gesunde Ernährung basiert auf naturbelassenen Lebensmitteln, welche saisonal sind und möglichst kurze Transportwege hinter sich haben. «Bio» lautet hier das Zauberwort. Unzählige Qualitätslabels garantieren schadstoffarme, noch wichtiger aber lebendige Produkte.

Nach dem erfolgreichen Einkauf in der Küche angekommen, beginnt für den Großteil der vitalen Bio-Produkte das langsame Sterben: Ein frischer Kopfsalat wartet im Gemüsefach des Kühlschranks auf seinen großen Auftritt; ein motiviertes Vitamin A in einer noch jungen Karotte findet kein Fettmolekül, an das es sich hängen kann und endet so leider unverrichteter Dinge in der Kanalisation; die Mineralstoffe eines ehrgeizigen Brokkolis ertrinken im Kochwasser und landen – im Abguss. Geschichten, die ans Lebendige gehen. Dabei ist alles ganz einfach: Das «1×1 der Bio-Küche» führt ein in die Kunst des nährstoff- und vitalstofferhaltenden Kochens. Step by Step wird hier das kleine Einmaleins vermittelt. Das große Einmaleins ist dann die phantasievolle Weiterführung der Grundrezepte. Die Grundsätze sind eigentlich allgemeingültig: viel Frischkost, Gemüse, Obst, Getreide, viel pflanzliches und weniger tierisches Eiweiß – und stets genügend Flüssigkeit!

Ein weiteres Geheimnis der gesunden Ernährung ist die Verwendung von hochwertigen Ölen, insbesondere von Olivenöl. Der hohe Gehalt an einfach und mehrfach ungesättigten Fettsäuren unterstützt den Organismus, etwa bei der Senkung eines zu hohen Cholesterinspiegels. Das wirkt koronaren Herzkrankheiten, Angina Pectoris oder Schlaganfall entgegen.

·– **Komplexe Kohlenhydrate** –·
alle Getreideerzeugnisse aus dem vollen Korn, Hülsenfrüchte, Kartoffeln und Kartoffelprodukte, Kastanien, Früchte und Gemüse, Trockenfrüchte, Honig

·– **Einfache Kohlenhydrate** –·
alle Getreideerzeugnisse aus Weiß- und Ruchmehl

·– **Tierische und pflanzliche Eiweißquellen** –·
Eiweiße sind Voraussetzung für alles Leben. Bausteine der Eiweiße sind die Aminosäuren. Auch Enzyme, die alle wichtigen Vorgänge im Organismus steuern, sind Eiweiße.

Milch, Milchprodukte, Eier, Hülsenfrüchte, Sojaprodukte, z.B. Tofu, Vollkornprodukte, Seitan (Weizenprodukt), Nüsse, Hefepulver, Fleisch, Fisch/Meeresfrüchte

·– **für Ovo-Lakto-Vegetarier** –·
ausgenommen sind Fleisch, Fisch/Meeresfrüchte

·– **für Lakto-Vegetarier** –·
ausgenommen sind Eier, Fleisch, Fisch/Meeresfrüchte

·– **für Veganer** –·
ausgenommen sind Milch und Milchprodukte, Eier, Fleisch, Fisch/Meeresfrüchte

·– **Fette** –·
Pflanzenfette
Pflanzenfette wie Kokosfett, Pflanzenöle wie Olivenöl, Rapsöl, Leinsamenöl, Sonnenblumenöl usw., Lecithin (Sojabohne)

Tierische Fette
Butter, Rahm, Schweinefett, Lecithin (Eigelb)

·– **Mineralstoffe und Vitamine** –·
Mineralstoffe und Vitamine kommen in Naturprodukten in unterschiedlicher Zusammensetzung vor. Zu den Mineralstoffen und Spurenelementen zählen u.a. Kalzium, Kalium, Magnesium, Phosphor, Eisen, Fluor, Jod, Selen, Zink. Die Vitamine sind fettlöslich (A, D, E, K, Provitamin A) oder wasserlöslich (B-Vitamine, C, H).

·– **Bioaktive Substanzen** –·
Dass nebst Vitaminen und Mineralstoffen weitere Stoffe für unseren Organismus bedeutsam sind, ist erst in neuerer Zeit ein Thema. Dazu zählen die sekundären Pflanzenstoffe wie Farb-, Duft- und Ballaststoffe und Verbindungen aus milchsauer fermentierten Lebensmitteln. Bio-Produkte sind da unbestritten im Vorteil, denn sie enthalten bis zu 60% mehr dieser wertvollen Inhaltsstoffe. Allein schon das rechtfertigt den etwas höheren Preis von Bio-Produkten. Sekundäre Pflanzenstoffe wirken sehr unterschiedlich: Sie stärken das Immunsystem, bekämpfen Viren und Bakterien, sie senken Blutdruck, Blutzucker und Cholesterin. Zu finden sind sie in Gemüse, Früchten, Kräutern.

·– **Carotinoide** –·
gelber oder oranger Farbanteil in Gemüse und Obst (Immunsystem, Krebsprävention)

·– **Glucosinolate (Senföle)** –·
Aroma und Schärfe von Senf, Meerrettich, Brokkoli, Kresse usw. (Immunsystem, Krebsprävention)

·– **Phytoöstrogene** –·
Östrogen-verwandte Stoffe in ballaststoffreichen Lebensmitteln (Wechseljahre, Krebsprävention)

·– **Phytosterine** –·
in fettreichen Samen und den daraus gewonnenen kaltgepressten Ölen (Senkung des Cholesterinspiegels)

·– **Polyphenole (Gerbsäuren)** –.
in Rotwein, Weintraubenbeeren, Zwiebeln, grünen Bohnen, Getreide usw. (Zellschutz, Infarktrisiko)

·– **Saponine** –·
in Hülsenfrüchten (Senkung des Cholesterinspiegels, Krebsprävention)

·– **Sulfide** –·
in Knoblauch, Zwiebeln, Lauch (Immunsystem, blutzuckersenkend, Bakterien-, Viren- und Pilzbekämpfung)

·– **Terpene** –·
Aromastoffe in Kräutern, Gewürzen und Früchten

·– **Faserstoffe** –·
Pflanzliche Nahrung ist faserstoffreich (Ballaststoffe). Faserstoffe regen die Verdauung an. Sie harmonisieren den Blutzuckerspiegel, was bedeutet, dass Hungeranfälle und Energielöcher ausbleiben. Auch auf den Cholesterinspiegel und bei zu hohem Blutdruck wirken sie positiv. Faserstoffreiche Lebensmittel haben mit ihrem tiefen Glyx eine Schlüsselfunktion bei angestrebter Gewichtsreduktion.

Getreide, Pasta, Reis

Der Kornflüsterer

·– Wahrnehmen –·

Das Kornfeld, ein Meer wogender grüngoldener Ähren, in dem der Wind glücklich spielt. Der Bauer, dem die Halme bis zum Bauchnabel reichen, steht mitten im Feld. Er ist oft da, taucht ein in die Welt des Getreides. Er versucht, über alle Sinne aufzunehmen, wie es dem Korn geht, lässt sich intuitiv ein und beobachtet analytisch Wachstum und Entwicklung.

Wir stehen auf dem Feldweg zwischen zwei Weizenfeldern, die unterschiedlicher nicht aussehen könnten: links ein unbegrannter Weizen aus konventionellem Saatgut, die Halme kniehoch und standfest. Der Wind als Maler bringt hier ruhige, großflächige Bilder zustande. Sein Lied ist eine getragene Melodie.

Rechts das Feld mit den drei alten Weizensorten, dünne hohe Halme und Ähren mit im Licht leuchtenden Grannen. Der leichte Sommerwind malt unaufhörlich bewegte Bilder ins Feld, kleine lebendige Geschichten, die sich die Halme gegenseitig weiterzuflüstern scheinen.

Andreas Beers liebt sein Getreide. Vielleicht war es deshalb nicht ganz einfach, mit ihm einen Fototermin zu finden: Der verantwortliche Landwirt auf Gut Rheinau macht das, was er macht, ganz und mit Liebe. Dazu gehören Massagen, Kunst und Kochen genauso wie die Arbeit auf dem Feld und das Forschen in archäologischen Berichten auf der Suche nach der Geschichte des Getreides. Er kam zum Beruf des Landwirtes, als er erkannte, dass alles, was auf der Erde Wirklichkeit werden will, im Leiblichen stattfinden muss. Nur ein gesunder, lebendiger Körper kann sich dem öffnen, was werden will, und sich tatkräftig dafür einsetzen. Gute, vitale Lebensmittel sind die Grundlage für einen lebendigen Körper. Und genau dafür will er sich einsetzen.

·– Saatgut für die Zukunft –·

Deshalb besteht das Engagement auf Gut Rheinau darin, biologisches Saatgut zu produzieren, das seine positiven Eigenschaften auch nach Generationen noch weitergeben kann. Keine Hybridsorten, wie sie die Multis weltweit verkaufen, um ihr Monopol der Macht zu sichern. Die Sativa ist einer der fünf Bereiche der Stiftung Fintan, die sich für unabhängige Saatgutsicherstellung einsetzt. Das wäre nicht möglich, wenn ausschließlich nach marktorientierten Gesichtspunkten produziert werden müsste. Dafür ist die Züchtung und Vermehrung von Saatgut zu teuer und zu wichtig. Dies haben alternative Banken, zukunftsorientierte Großverteiler und Forschungsstellen sowie ein Gönnerkreis von ein paar Tausend Menschen begriffen. Ihre Beiträge erlauben der Sativa Rheinau, sich für ihren eigentlichen Auftrag einsetzen zu können: Das Überleben gesunder, guter Sorten im Bereich von Gemüse, Getreide und Hackfrucht zu sichern und das Saatgut an Bauern und Private weiterzugeben.

In Deutschland wurde dafür ein privater Saatgutfonds eingerichtet. In Zukunft sollen vergessene starke Sorten wieder erhältlich sein und durch Weiterzüchtung den Anforderungen des biologischen Anbaus und den Ansprüchen einer modernen Ernährung gewachsen sein. Hier geht es um Fragen der Verträglichkeit und des Gehalts an Mineralien und sekundären Pflanzenstoffen.

Das Entwickeln einer neuen Sorte bis zur Freigabe dauert zehn Jahre und kostet fünf bis zehn Millionen Franken... Rund 50 Prozent der Bio-Bauern beziehen ihr Saatgut von hier; aber bei einem Anteil von nur etwa 2 Prozent biologisch bewirtschafteter Anbauflächen, aufs Ganze gesehen, ist dies ein verschwindend kleiner Anteil. Nur gut, stärkt dieses Saatgut den Mut zu Visionen...

·– Geheimnisvolle Antennen –·

Wir schätzen uns glücklich, mit Andreas Beers auf die Felder hinausgehen zu dürfen. In einer einzigen Stunde erfahren wir mehr als aus allen bisher gelesenen Büchern. Der Weizen, der hier angebaut wird und unter der Sommersonne reift, hat Grannen – kaum ein Bauer, geschweige denn ein gewöhnlicher Konsument weiß, dass 80 Prozent des weltweit produzierten Weizens so aussieht. Die meisten unbegrannten Sorten sind auf Höchsterträge gezüchtet. Diese Sorten sind in ihrem Wuchs eher kurz und werden zudem mit chemischen Spritzmitteln «kurz gespritzt», damit sie durch die hohen mineralischen Stickstoffdüngergaben nicht «lagern», zusammenbrechen. Aber auch über dieses Feld spricht Andreas Beers mit Respekt. Mit seinem konventionellen Nachbarbauern verbindet ihn unterdessen ein mehr und mehr freundschaftliches Verhältnis. Andreas Beers hat ihn mit in sein Feld genommen. Der traditionelle Bauer ist seit Jahren nie mehr inmitten von Weizenhalmen gestanden, die ihm bis zum Nabel reichten. Ergriffen staunte er: «So dünne, zarte Halme – wie schaffst du es, dass die stehen?»

Das Geheimnis der Qualität gibt die Pflanze nicht so leicht preis. Ist es, dass sie über die Grannen – sie bestehen wie die Haare des Menschen vor allem aus Kieselsäure – alle Arten von Licht im Übermaß aufnehmen kann? Mit der bildschaffenden Methode jedenfalls kann sichtbar gemacht werden, dass dieser Weizen eine unbändige Vitalität hat. Und seine Aminosäuren

oder Eiweiße sind so zusammengesetzt, dass der Mensch darauf kaum mit Allergien reagiert. Ein ausgezeichnetes Brotgetreide! Zwei Tonnen der Emmersorte Lux zweigt Andreas ab für die köstlichen Brote, welche samstags nebst taufrisch geerntetem Bio-Gemüse und Bio-Fleisch im Hofladen am Klosterplatz eingekauft werden können.

Die Sativa ist einer der Orte, an denen begrannte Weizensorten angebaut werden und wo dafür gesorgt wird, dass das Saatgut für die Zukunft erhalten bleibt. 100 Kilogramm Saatgut reichen für eine halbe Hektare Land und ergeben einen Ertrag von mehr als zwei Tonnen.

·– Optimale Sorten züchten –·

Der Bio-Landbau stellt vielfach andere Anforderungen an die Sorten als die konventionelle Landwirtschaft. Es stehen weniger Nährstoffe zur Verfügung, die Nährstoffdynamik im Jahreslauf und seine Nutzung durch kultur- und anbautechnische Maßnahmen stehen hier im Zentrum. Die Konkurrenz der Beikräuter ist stärker und gegen Krankheiten können keine Fungizide eingesetzt werden. Deshalb braucht es Sorten, die sich für diese Bedingungen eignen. Sativa arbeitet seit Jahren mit biologisch-dynamischen Getreidezüchtern zusammen. Zum wichtigsten Partner wurde Peter Kunz. Das Ergebnis seiner Bemühungen sind einige mittlerweile zugelassene «Sativa-Sorten», die im In- und Ausland angebaut werden. Peter Kunz hat ein besonderes Gespür für Getreide entwickelt. Schon wenn er eine neue Sorte reifen sieht, kann er über die Zusammensetzung der Eiweiße, die Beschaffenheit des Klebers und die Backeigenschaften Aussagen machen. Denn jedes Korn hat individuelle Vorzüge oder Nachteile, die es durch gezielte Züchtung zu verbessern gilt.

Von Sativa Rheinau werden rund 20 Landwirte betreut, die auf ihren Feldern an der Saatgutproduktion mitbeteiligt sind.

·– Die Urgetreide –·

Nun fahren wir mit Andreas Beers zum Emmerfeld. Die reifenden Ähren des Emmers neigen sich der Erde zu. Er ist einer der ältesten Vertreter der Triticum-Familie; das Einkorn mit seinem hohen Karotin- und Eiweißgehalt scheint damals vor rund 6000 bis 8000 Jahren vor Christus im vorderasiatischen Raum neben der Gerste das erste kultivierte Getreide gewesen zu sein, dessen Körner den Menschen als Nahrung dienten. Erst später wurden die heute bekannten Weichweizenarten und der Dinkel entwickelt. Dass der Weichweizen sich allen anderen gegenüber durchgesetzt hat, mag daher kommen, dass seine Körner schon nach dem Dreschvorgang und nach einfacher Reinigung zum Mahlen bereit sind. Die übrigen, Einkorn, Emmer und Dinkel, sind auch dann noch von einer dichten Spelzenhaut umhüllt, welche durch einen weiteren müllereitechnischen Vorgang, das Röllen, Gerben oder Brechen, entfernt werden muss.

Eine von Andreas Beers' Leidenschaften ist zudem die Hirse, ein Getreide, das viel Wärme braucht. Seine Versuche in der klimatisch begünstigen Rheinschlaufe, einem Weinbaugebiet, sind vielversprechend. Und im kommenden Jahr werden Versuche mit Hartweizen gemacht – damit es endlich eine gute eigene Pasta gibt! Die Ansprüche dieser Weizensorten sind ebenfalls etwas höher als die unseres Brotgetreides. Ein paar innovative Schweizer Bauern haben in den letzten Jahren bereits Erfolg versprechende Ernten erzielen können.

Dann wäre Andreas Beers der Verwirklichung seines Traums vom mediterranen Leben wieder etwas näher: Qualitätsuntersuchungen lassen vermuten, dass biologisch-dynamisch produzierte Lebensmittel annähernd so vital und sonnenvoll sind wie Lebensmittel aus dem sonnenverwöhnten Mittelmeerraum. Auf seinen Feldern jedenfalls hören sich die Grillen schon fast wie Zikaden an ...

Getreide

Das Getreide ist reich an komplexen Kohlenhydraten. Es enthält Eiweiße (Aminosäuren), Mineralstoffe, Vitamine, Enzyme, Ballaststoffe sowie essentielle Fettsäuren. Spelzgetreide (Reis, Hirse, Dinkel, Gerste) ist im Gegensatz zu Nacktgetreide sehr gut vor belastenden Umwelteinflüssen geschützt – es eignet sich also optimal für den Bio-Anbau. Bei Vollkornprodukten ist ganz besonders auf Bio-Qualität zu achten: Nicht nur Nährstoffe, sondern auch Schadstoffe lagern sich in den äußeren Schichten des Kornes ab – welche man hier ja mitisst.

Die wichtigsten Getreide

Dinkel, Gerste, Hafer, Hirse, Mais, Reis, Roggen, Weizen

Interessante Spezialitäten

·–Amarant–·
Fuchsschwanzgewächs. Unterschieden wird zwischen Körner- und Gemüsesorten sowie kombinierten Züchtungen. Die glutenfreien Körner haben einen extrem hohen Anteil an Eiweiß, Kalzium, Eisen, Magnesium und ungesättigten Fettsäuren. Amarant kann man kochen wie Reis oder Hirse und puffen wie Mais.

·–Amarantmehl und gepuffter, gemahlener Amarant–·
Eignen sich für Fladenbrote sowie für nussiges Süßgebäck.

·–Buchweizen–·
Stärke- und eiweißreiches glutenfreies Knöterichgewächs. Die Schale ist unverdaulich, deshalb kommt er nur geschält in den Handel. Das Buchweizenmehl eignet sich als Bindemittel: 1 EL Mehl (mit 2 EL Wasser anrühren) ersetzt ein Hühnerei. Für russische Blinis, französische Galettes und Bündner Pizzoccheri wird traditionell Buchweizenmehl verwendet.

·–Bulgur–·
Der Bulgur ist eine hydrothermisch vorbehandelte Hartweizengrütze. Nach der anschließenden Trocknung wird die freigelegte Kleie mechanisch entfernt. Bulgur hat eine sehr kurze Kochzeit und ist intensiv im Aroma.

·–Couscous–·
Couscous ist eine Spezialität der Berber, die in einem komplizierten Verfahren aus Hartweizengrieß oder Hirse hergestellt wird. Das Getreide muss nicht gekocht, sondern in einem Sieb oder in einer speziellen Couscousière über Dampf lediglich aufgeschlossen werden.

·–Dinkel–·
Dank einem hohen Anteil an Klebereiweiß weist Dinkel bessere Backeigenschaften als Weizen auf. Er wird auch als das beste aller Körner bezeichnet und von vielen Weizenallergikern gut vertragen. Dinkel ist in der Küche und für die Gesundheit ein Alleskönner.

·–Grünkern–·
In der Milchreife geernteter Dinkel, der nachträglich gedarrt wird.

·–Kamut–·
Kamut, Vorfahre unseres Hartweizens, wird ausschließlich biologisch angebaut. Allergiker, welche Probleme mit Weizeneiweiß (nicht Klebereiweiß) haben, können ihre Ernährung auf Kamut umstellen. In 95 % der Fälle bleiben allergische Reaktionen aus.

·–Quinoa–·
Vitamin- und mineralstoffreiches glutenfreies Knöterichgewächs aus den Anden. Sein Eiweiß hat die gleiche biologische Wertigkeit wie Kuhmilch-Eiweiß. Quinoa wird wie Reis gekocht und eignet sich für süße und pikante Gerichte.

·–Seitan–·
Besteht aus Weizengluten; hervorragende pflanzliche Eiweißquelle. Kann vielfältig verwendet werden.

Aufbewahrung

Immer nur kleine Mengen kaufen und diese trocken, kühl und dunkel aufbewahren in verschließbaren Dosen oder Gläsern. Ein idealer Ort ist auch der Tiefkühler, für ganze Körner und daraus hergestellte Produkte.

Wofür eignet sich was?

·– Körner –·
Beilage, Kornotto (wie Risotto), Eintöpfe, Suppen, Gebäck, Desserts, Getreidedrinks

·– Schrot und Grütze –·
Frischkornmüesli, Aufläufe, Bratlinge / Burger, Brei, Füllungen, Klößchen, Salate, Suppen, Desserts, Brei, Köpfchen und Puddinge, Desserts, Pizzas

·– Dunst –·
Teigwaren, Knöpfli / Spätzli, Gnocchi, Brot, Gebäck

·– Flocken –·
Müesli, Bratlinge, Brei, Gebäck
Bei Rohverzehr (Frischkornmüesli) vorher einweichen

·– Mehl –·
Bratlinge, Brot, Teigwaren, Spätzli, Suppen, Gebäck

Zubereitung

·– Einweichen (Körner) –·
Durch das Einweichen (3 bis 4 Stunden) wird das Getreide leichter verdaulich. Zudem verkürzt sich die Kochzeit wesentlich.

·– Darren –·
Wenn das angefeuchtete Getreide (ganzes Korn, Schrot, Flocken) vor dem Garprozess bei mäßiger Hitze gedarrt (Bratpfanne, Backofen, andere Wärmequelle) wird, kann sich das Getreidearoma besser entfalten. Die Kochzeit vermindert sich um eine Viertelstunde.

·– Kochen –·
Es empfiehlt sich, qualitativ hochwertiges, doppelwandiges Kochgeschirr mit Isolierboden und einem gut schließenden Deckel zu verwenden, welches ein sanftes Garen auf niedriger Stufe und ohne Dampfverlust erlaubt. Bei vielen Getreiden (Reis, Hirse, Wildreis, Hafer, Gerste, Quinoa, Schrot, Grieß) reicht es sogar, das Gargut in der 1½-fachen Menge Wasser zu erhitzen, für ein paar Minuten sprudelnd zu kochen und anschließend auf der ausgeschalteten Wärmequelle zugedeckt etwa 30 Minuten ausquellen zu lassen. Der Kochprozess wird verzögert, wenn das Salz bereits zu Beginn beigefügt wird.

Kochzeit

Zeitangaben sind immer nur Richtwerte. Sie hängen von der Qualität des Kornes, der Wasserhärte und dem Gericht ab. Durch die nachträgliche Zugabe von zusätzlicher Flüssigkeit kann die Konsistenz gesteuert werden (weich beziehungsweise bissfest).

·– 5 bis 15 Minuten Kochzeit –·
Nachquellen bis 30 Minuten
Buchweizen, Bulgur, Couscous, Hirse, Maisgrieß, Quinoa, Wildreis, Rollgerste, Schrot, Grieß

·– 20 bis 30 Minuten Kochzeit –·
Nachquellen bis 30 Minuten
Amarant, Hafer, Reis

·– 50 bis 60 Minuten Kochzeit oder
35 bis 45 Minuten Kochzeit mit Einweichen –·
Nachquellen bis 60 Minuten
Dinkel, Gerste, Roggen, Weizen, Emmer, Kamut

Menge pro Portion

Körner	40–60 g
Schrot	30–50 g
Grieß	40–60 g
Flocken	30–50 g

Ausmahlungsgrad und Mehltype

Wenn aus 100 g Körnern 70 g Mehl gewonnen werden, ist der Ausmahlungsgrad 70 %. Entfernt werden vor allem Teile der Randschicht und der Keimling. Je höher der Ausmahlungsgrad, desto höher auch der Mineralstoffgehalt. Die Mehltype gibt den Mineralstoffgehalt in mg / 100 g Mehl an.

Mehltypen

Weizenweißmehl: Type 400 (Deutschland 405)
Dinkelweißmehl: Type 630
Dunkles Weißmehl: Type 550
Halbweißmehl: Type 720
Weizenruchmehl / Graumehl: Type 1100 (Deutschland 1050)
Dinkelruchmehl: Type 1050
Dunkles Ruchmehl: Type 1200
Vollkornmehl: Type 1900

Allergiker

Klebereiweiß- respektive Glutenunverträglichkeit (Zöliakie / Sprue)
Vertragen werden Hirse, Mais (auch Maisstärke), Hafer, Reis (ohne Wildreis), Amarant, Quinoa, Buchweizen, Kastanien.

Weizen-Unverträglichkeit

Weizen und alle daraus hergestellten Produkte wie Couscous und Bulgur werden nicht vertragen, hingegen meist die Weizen-Urformen wie Emmer, Dinkel und Kamut. Alle anderen Getreide sind problemlos.

Pasta

Von allen heiß geliebt! Echte Pastaliebhaber wissen Qualität zu schätzen: Luftgetrocknete Pasta aus erstklassigem Hartweizengrieß – abgeschmeckt mit etwas Olivenöl und geriebenem Sbrinz/Parmesan – ist ein Genuss. Selbstverständlich krönt eine köstliche Sauce jedes Pastagericht! Der Fantasie sind keine Grenzen gesetzt. Pasta ist genauso schnell zubereitet wie eine Suppe – und vielleicht deswegen auch so beliebt in einer Zeit, in der zum Kochen oft keine Zeit mehr bleibt. Was allen passt, muss deswegen aber nicht ungesund sein: Pasta in jeder Form ist eine Wohltat für den Darm – die Vollkorn-Variante liefert nebst Energie auch eine Menge Vital- und Mineralstoffe.

Pasta

·–Hartweizen – das Pastagetreide–·

Pasta wird vor allem aus Weizen hergestellt, dabei eignet sich Hartweizen, eine besondere, kleberreiche Weizenart, die viel Wärme und nährstoffreiche Böden benötigt, am besten. Voll im Trend und immer gefragter sind Dinkelteigwaren, zudem gibt es Pasta mit Kamut, Quinoa, Buchweizen, Hirse, Sojabohnen und Kastanien. Eierpasta ist schwerer verdaulich als Pasta «Tipo Napoli».

·–Vollkornpasta–·

Vollkornpasta ist die aromareiche Pastavariante, in welcher alle wertvollen Nährstoffe des ganzen Korns enthalten sind. Die bessere Sättigung bei weniger Kalorien ist ein weiterer Pluspunkt. Bei Vollkornpasta ist Bio-Qualität wichtig.

·–Glasnudeln–·

Glasnudeln aus Mungobohnenmehl sind in der asiatischen Küche unverzichtbar. Sie sind besonders rasch zubereitet: Nudeln in kochendes Wasser geben, Wärmequelle ausschalten, 5 Minuten quellen lassen.

·–Zubereitung–·

Pasta immer in einem großen Kochtopf in genügend kochendem, gesalzenem Wasser al dente kochen (das Salz wird erst kurz vor dem Siedepunkt zugegeben.). Dem Kochwasser muss kein Öl beigefügt werden, hingegen kann verhindert werden, dass die Pasta nachquillt und zusammenklebt, wenn ein guter Schuss Olivenöl mit der abgetropften Pasta vermengt wird.

Menge pro Portion

Beilage: 40–80 g
Mahlzeit: 90–120 g

Varianten für Allergiker

Unbedingt Packungsbeschrieb beachten, denn die Teigwaren bestehen in den allermeisten Fällen aus mehr als einer Getreidesorte.

Erlaubte Produkte bei Glutenunverträglichkeit

Buchweizen-, Kastanien- und Soja-Pasta; spezielle Pasta aus glutenfreier Mehlmischung; Reisnudeln, Glasnudeln aus Mungobohnenmehl

Erlaubte Produkte bei Weizenunverträglichkeit

Dinkel-, Kastanien- und Soja-Teigwaren; Reisnudeln oder Glasnudeln aus Mungobohnenmehl

Reis

Reis ist mit Pasta der wichtigste Kohlenhydratlieferant. Mit den zahlreichen Reissorten kann fast alles gemacht werden. Dabei wird der kürzeren Kochzeit wegen poliertem Reis meist der Vorzug gegeben. Der Vollkornreis hat jedoch bei richtiger Zubereitung keine wesentlich längere Garzeit. Wer Aroma und Biss liebt, schöpft aus dem vollen Spektrum, welches das Rispengras uns bieten kann. Ob Suppe, Klößchen, Eintopf, Omelett, Currys, Risotto in Variationen, duftende Beilage, Milchreis, Reiskuchen oder Reisköpfchen – für Abwechslung ist gesorgt.

Reissorten und Reisprodukte

Langkorn, Mittelkorn, Rundkorn, Klebereis, Parfümreis, Wildreis (gehört nicht zur Reisfamilie), schwarzer, roter und lila Reis. In der Küche werden außer dem ganzen Korn auch Mehl, Schrot und Flocken verwendet. Reis wird zudem zu Reisnudeln, Crackers, Waffeln, Malz, Amazake (Süßmittel), Miso (fermentierte Würzpaste), Essig, Reismilch, Reiswein und Reisbier verarbeitet.

Inhaltsstoffe

Das ganze Korn enthält 75 % komplexe Kohlenhydrate, Magnesium, Kalium, Phosphor, Eisen, Fluor, Mangan und einen hohen Anteil an Faserstoffen. Der Reisschleim wirkt regulierend auf die Darmtätigkeit. Reis ist glutenfrei.

Reis waschen und kochen

Vor dem Kochen den Reis nach Belieben waschen. Mögliche ranzige Fettsäuren werden so ausgewaschen (das Waschwasser eignet sich vorzüglich als Gießwasser für Pflanzen). Die Kochzeit verkürzt sich dadurch. Der Reis kann in schwach gesalzenem Wasser oder in Gemüsebrühe gekocht werden.

•– Quellreis (Vollkorn) –•

1. Methode
Einweichen; im Einweichwasser 20 bis 30 Minuten köcheln; auf der ausgeschalteten Wärmequelle zugedeckt nachquellen lassen.

2. Methode
Den noch feuchten Reis im trockenen Kochtopf darren (unter Rühren hellgelb werden lassen), bis er knistert. Die doppelte Menge kochenden Wassers zugeben, 5 Minuten sprudelnd kochen, auf der ausgeschalteten Wärmequelle zugedeckt 30 Minuten oder länger ausquellen lassen.

3. Methode
Siehe 2. Methode, aber den Reis bei schwacher Hitze 20 bis 30 Minuten zugedeckt garen.

4. Methode
Im Dampfkochtopf: 15 Minuten auf der Höhe des ersten Rings.

•– Trockenreis (geschält) –•

1. Methode
Reis in die doppelte Menge kochenden Wassers geben, 15 bis 20 Minuten köcheln. Wichtig: nie umrühren, da sonst Stärke austritt und der Reis zusammenklebt!

2. Methode
Reis mit der doppelten Menge Wasser aufkochen, 5 Minuten sprudelnd kochen, auf der ausgeschalteten Wärmequelle zugedeckt rund 20 Minuten quellen lassen.

Menge pro Portion

Mahlzeit: 60–100 g
Dessert oder Suppeneinlage: 40 g

Allergiker

Eine Reis-Allergie ist sehr selten. Eine Ausnahme bildet der Wildreis, der nicht zur Familie der Reisgewächse zählt.

Grünkernbratlinge mit Lauch

·–1–·

·–2–·

·–3–·

·–4–·

·–5–·

·–6–·

·–7–·

·–8–·

·–9–·

·–10–·

·–11–·

·–**1**–·

Grünkernkörner in der Getreidemühle mittelgrob schroten. Grünkernschrot im Kochtopf unter Rühren bei mittlerer Hitze leicht rösten, mit dem Wasser ablöschen (Bild 1), mit Curry und Gemüsebrüheextrakt würzen (Bilder 2, 3), aufkochen, bei schwacher Hitze 15 bis 20 Minuten köcheln lassen, dann auf der ausgeschalteten Wärmequelle etwa 30 Minuten ausquellen lassen.

·–**2**–·

Zwiebel und Knoblauch schälen und fein hacken. Beim Lauch die zähen Teile entfernen, die Stange längs aufschneiden und quer in Streifchen schneiden. Alles im Olivenöl andünsten (Bild 4), abkühlen lassen.

·–**3**–·

Die Kräuter fein hacken, mit dem Lauch vermengen (Bild 5), Ei (Bild 6) und Schrot (Bild 7) zufügen, vermengen (Bild 8), mit Salz und Pfeffer abschmecken.

·–**4**–·

Schrotmasse mit einem Eisportionierer portionieren, in ein rundes Ausstechförmchen füllen, Masse glatt streichen, das Förmchen entfernen (Bild 9), weiterfahren, bis die Masse aufgebraucht ist. Nun in einer beschichteten Bratpfanne wenig Olivenöl erhitzen, Bratlinge mit dem Spatel vorsichtig in die Pfanne geben (Bild 10), bei mittlerer Hitze beidseitig je etwa 3 Minuten braten. Oder Ausstechförmchen in die mit Öl aufgeheizte Pfanne legen, die portionierte Schrotmasse in das Ausstechförmchen geben, glatt streichen (Bild 11), das Förmchen entfernen. Mit Salz und Pfeffer abschmecken.

Grünkern

In der Milchreife geernteter Dinkel, der gedarrt wird; siehe auch «Darren», Seite 25.

Mahlzeit

100 g Grünkernkörner oder mittelgrober Grünkernschrot
2 dl / 200 ml Wasser
1 TL milder Curry
1 TL Gemüsebrüheextrakt oder 1 TL Kräutermeersalz
2 EL Olivenöl extra vergine
1 kleine Zwiebel
1–2 Knoblauchzehen, nach Belieben
1 mittelgroße Lauchstange
1 Kräutersträußchen
1 Ei
Meersalz
frisch gemahlener schwarzer Pfeffer
Olivenöl extra vergine zum Braten

Focaccia

·–1–· ·–2–· ·–3–· ·–4–· ·–5–· ·–6–· ·–7–· ·–8–· ·–9–· ·–10–· ·–11–· ·–12–·

·–1–·

Die Hefe im lauwarmen Wasser auflösen (Bild 1). Mehl in einer Schüssel mit dem Salz vermengen, eine Vertiefung drücken, 5 EL Olivenöl (Bild 2) und die Hefeflüssigkeit (Bild 3) in die Vertiefung geben, zu einem Teig rühren (Bilder 4, 5). Den Teig auf der Arbeitsfläche 10 Minuten gut kneten (Bild 6). Je nach Mehlzusammensetzung braucht es etwas mehr Flüssigkeit. Teig mit einem feuchten Tuch bedecken (Bild 7), 2 Stunden oder länger gehen lassen. Oder den Hefeteig in eine Schüssel mit Deckel legen, im Kühlschrank über Nacht gehen lassen.

·–2–·

Das Backblech einfetten oder mit Backpapier belegen. Den Backofen auf 200 °C vorheizen.

·–3–·

Den Hefeteig nochmals kräftig durchkneten, auf dem Blech von Hand ausdrücken (Bild 8) oder mit einem kleinen Teigroller ausrollen (Bild 9), für Oliven und Cherrytomaten Vertiefungen drücken (Bild 10).

·–4–·

Die Zwiebeln schälen und in feine Ringe schneiden. Die Cherrytomaten halbieren, den Stielansatz entfernen. Die Rosmarinnadeln von den Stielen streifen.

·–5–·

Teigboden mit Zwiebeln, Oliven, Tomaten und Kräutern belegen (Bild 11). Mit Salz würzen (Bild 12) und mit Olivenöl beträufeln. Focaccia in der Mitte in den vorgeheizten Ofen schieben, bei 200 °C 10 bis 15 Minuten backen. Warm mit Olivenöl servieren.

Aperitif

für ein großes rechteckiges Blech

600 g Dinkelruchmehl / Mehltype 1050 oder halb Ruch- / halb Vollkornmehl
2 TL Meersalz
3½ dl / 350 ml lauwarmes Wasser
30 g Hefe
5 EL Olivenöl extra vergine

1–2 rote Zwiebeln
schwarze Oliven
Cherrytomaten
einige junge Rosmarinzweiglein
grobes Meersalz
2 EL Olivenöl extra vergine

Kürbis-Risotto

·–1–·

·–2–·

·–3–·

·–4–·

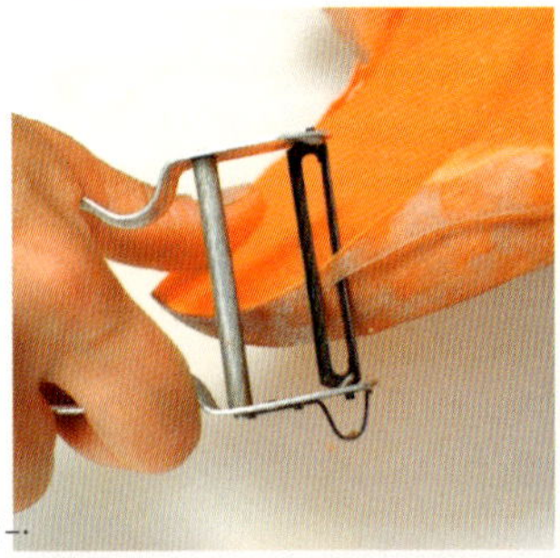
·–5–·

·–6–·

·–7–·

·–8–·

·–9–·

·–10–·

·–11–·

·–1–·

Den Kürbis halbieren (Bild 1) und entkernen (Bild 2). Bei harter Schale den Kürbis mit dem Messer (Bild 3), bei weicher Schale mit dem Sparschäler (Bilder 4, 5) schälen. Das Fruchtfleisch in Würfel schneiden.

·–2–·

Reis, Wasser und Lorbeer aufkochen, 5 Minuten sprudelnd kochen, auf der ausgeschalteten Wärmequelle zugedeckt 30 Minuten quellen lassen (Bild 6).

·–3–·

Die Zwiebeln im Olivenöl andünsten, mit dem Weißwein ablöschen (Bild 7), Kürbiswürfelchen zugeben (Bild 8), mit 4–5 dl / 400–500 ml heißer Gemüsebrühe ablöschen (Bild 9), köcheln lassen, bis der Kürbis weich ist. Er darf zerfallen. Reis zum Kürbis geben (Bild 10), je nach Konsistenz mit etwas Gemüsebrühe verflüssigen (Bild 11), mit Pfeffer und Salz würzen, mit Olivenöl oder Butter verfeinern. Der Risotto soll sämig sein, geriebenen Käse unterrühren.

·–4–·

Den Risotto in vorgewärmten Suppentellern anrichten, den Frischkäse auf den heißen Risotto verteilen, mit Petersilie bestreuen.

Variante

Einige gebratene Pilze unter den Risotto mischen.

Mahlzeit

300 g Mittel- oder
Rundkorn-Vollreis
für Risotto
8 dl / 800 ml Wasser
1 Lorbeerblatt

2 EL Olivenöl extra vergine
1 kleine Zwiebel,
fein gewürfelt
1 dl / 100 ml Weißwein
400 g Kürbiswürfelchen,
mehlige Sorte,
z. B. Potimarron oder halb
Potimarron / halb Muscade
de Provence
heiße Gemüsebrühe
frisch gemahlener Pfeffer
Meersalz
2–3 EL Olivenöl extra vergine
oder 30 g Butter
geriebener Käse, z. B. Sbrinz

100 g Frischkäse oder
Ziegenfrischkäse,
nach Belieben
2 EL gehackte glattblättrige
Petersilie

Pasta mit Brokkoli und Peperoncini

·–1–·

·–2–·

·–3–·

·–4–·

Mahlzeit

300–400 g weiße Pasta oder 250–300 g Vollkornpasta
2–3 Brokkoli, je nach Größe
1 roter Peperoncino
2–3 Knoblauchzehen
Meersalz
frisch gemahlener Pfeffer
Käse, z. B. Sbrinz oder Parmesan
4–5 EL Olivenöl extra vergine

·–1–·
Beim Brokkoli den Strunk abschneiden, schälen und in Stäbchen schneiden, die Blume in Röschen teilen. Den Peperoncino aufschneiden, entkernen, die Hälften in Streifchen schneiden. Den Knoblauch schälen und in feine Scheiben schneiden.

·–2–·
In einem großen Kochtopf reichlich Salzwasser aufkochen, Pasta zugeben und etwa 5 Minuten kochen, den Brokkoli zugeben (Bild 1) und nochmals 5 Minuten kochen, abgießen (Kochwasser für eine Suppe auffangen).

·–3–·
Peperoncini und Knoblauch zur Pasta geben (Bild 2), mit Salz und Pfeffer würzen (Bild 3), Käse darüberreiben (Bild 4).

Varianten
Den Brokkoli über Dampf garen. Für dieses Pastagericht eignen sich auch andere Kohlarten wie Blumenkohl, Cima di Rapa, Rosenkohl usw.

Hirsecreme mit Beeren

Dessert

½ l Kuh-, Hafer- oder Sojamilch
100 g feines Hirsemehl oder 100 g feiner Dinkelgrieß
½ TL Vanillepulver
ca. 2 EL flüssiger Blütenhonig
2–2½ dl / 200–250 ml Rahm / Sahne

4 Portionen gemischte Beeren

·–1–·
Milch, Hirsemehl und Vanillepulver in einer Pfanne glatt rühren, aufkochen, Hirsecreme bei schwacher Hitze köcheln lassen, bis sie bindet. Die Creme in einer Schüssel unter gelegentlichem Rühren erkalten lassen.

·–2–·
Den Rahm steif schlagen.

·–3–·
Die Hirsecreme mit dem Schneebesen oder dem Stabmixer luftig aufschlagen, Honig und steif geschlagenen Rahm unterrühren. Anrichten. Mit den Beeren garnieren.

Abbildung

Joghurt-Fünfkorn-Müesli mit Haselnüssen

für 1 Person

2 EL Fünfkornflocken
1 Becher Joghurt natur
1 Prise Vanillepulver
1 TL Ahornsirup oder Agavendicksaft, nach Belieben
150 g Obst oder 1 Handvoll Beeren
10 Haselnüsse, grob gehackt

·–1–·
Flocken, Joghurt, Vanillepulver und Ahornsirup verrühren, in ein Glas / in eine Schale füllen.

·–2–·
Das Obst klein schneiden und auf das Müesli verteilen, mit den Haselnüssen garnieren.

Bunter Couscous-Salat

Mahlzeit

200 g Couscous
4 dl / 400 ml Wasser oder Gemüsebrühe
1 Dose (250 g) Kichererbsen
1 Freilandgurke
2 feste, große Tomaten
1 roter Peperoni / Gemüsepaprika
1 mittelgroße rote Zwiebel
1 Handvoll schwarze Oliven
150 g Fetawürfelchen

Sauce
2–3 Zitronen, je nach Saftmenge
Meersalz
frisch gemahlener Pfeffer
¾ dl / 75 ml Olivenöl extra vergine
evtl. wenig Gemüsebrühe (wenn der Couscous zu trocken ist)

1 Handvoll Minzeblättchen, in Streifen
2 EL grob gehackte glattblättrige Petersilie

·–1–·
Couscous mit dem kochenden Wasser oder der Gemüsebrühe übergießen, 10 Minuten zugedeckt quellen lassen.

·–2–·
Die Gurke schälen und würfeln. Bei den Tomaten den Stielansatz ausstechen, Gemüsefrüchte vierteln, entkernen und in Würfelchen schneiden. Den Peperoni halbieren, Stielansatz und Kerne entfernen, Schotenhälften in Quadrate schneiden. Die Zwiebel schälen und in feine Streifen schneiden.

·–3–·
Die Sauce zubereiten.

·–4–·
Alle Zutaten mit der Sauce vermengen, 30 Minuten ziehen lassen. Kräuter untermischen. Eventuell mit Salz und Pfeffer abschmecken (Couscous braucht viel Würze).

Oliven
Die Essolive unterscheidet sich von der Ölolive meist nur in der Größe. Sie wird unreif für grüne und reif für schwarze Oliven gepflückt. Frische Oliven sind ohne vorherige Behandlung ungenießbar. Um die Bitterstoffe zu eliminieren, müssen die Oliven längere Zeit in Wasser oder in eine Salz-Essig-Lake eingelegt werden. Bio-Oliven werden ohne Farbstoffe und Konservierungsmittel hergestellt.

Haferkugeln

Mahlzeit

1 EL Sesamöl oder
Olivenöl extra vergine
1 kleine Zwiebel,
fein gewürfelt, oder wenig
Lauch, fein geschnitten
200 g mittelfeiner Haferschrot
½ TL mittelscharfer Curry
1 Prise Kurkuma für die Farbe
1 Prise Kreuzkümmelpulver
1 Thymianzweiglein,
Blättchen abgezupft
ca. 4 dl / 400 ml Gemüsebrühe
3–4 EL Kokosnussflocken
fein gehackte Petersilie

Kokosnussflocken
zum Wenden

Sesamöl oder Olivenöl
extra vergine zum Braten

·–1–·

Zwiebeln im Sesamöl andünsten, Haferschrot, Gewürze und Gemüsebrühe zufügen, aufkochen, bei schwacher Hitze 5 bis 10 Minuten köcheln lassen, auf der ausgeschalteten Wärmequelle zugedeckt 30 Minuten oder auch länger quellen lassen.

·–2–·

Hafermasse mit Kokosflocken und Petersilie vermengen, mit Salz abschmecken. Mit geölten Händen kleine Kugeln formen, fest zusammendrücken, in den Kokosnussflocken wenden.

·–3–·

Haferkugeln in einer beschichteten Bratpfanne im nicht zu heißen Sesamöl knusprig braten.

Hafer

Der Hafer ist mit seinem relativ hohen Fettanteil (höchster Fettgehalt unter den Getreiden) ein sehr nahrhaftes Getreide. Das hochwertige Fett hat einen günstigen Einfluss auf den Cholesterinstoffwechsel und die Verdauungsorgane. Nicht von ungefähr empfiehlt man Rekonvaleszenten und Geschwächten eine Haferschleimsuppe.
Beim Hafer fällt auf, dass er keine Ähre hat. Die Körner sind an einer lockeren Rispe gewissermaßen einzeln «aufgehängt». Der Hafer gedeiht auch auf Böden, die von Natur aus oder bedingt durch vorhergehende Kulturen mager sind. Ja, er kann sogar die Qualität des Bodens verbessern.

Kräuterknöpfli

Mahlzeit

250 g Dinkelweißmehl/
Mehltype 630
2½ dl / 250 ml Milch
1–2 EL Olivenöl extra vergine
2 Eier
Salz
frisch geriebene Muskatnuss
200 g Kräuter, je nach Saison:
Bärlauch, Melde, Brennnesseln, oder 200 g Spinat

Butter

2 EL Olivenöl extra vergine
1–2 große rote Zwiebeln

·–1–·
Kräuter oder Spinat waschen und im Dampf zusammenfallen lassen, in einem Sieb gut ausdrücken, fein hacken.

·–2–·
Mehl, Milch, Olivenöl und Eier zu einem Teig rühren, würzen. Teig 15 bis 30 Minuten quellen lassen. Kräuter oder Spinat unterrühren.

·–3–·
In einem großen Kochtopf reichlich Salzwasser erhitzen. Den Teig portionsweise auf das Knöpflisieb geben und in das kochende Salzwasser streichen. Knöpfli steigen lassen, mit dem Schaumlöffel herausnehmen, unter kaltem Wasser abschrecken.

·–4–·
Die Zwiebeln schälen und in Ringe schneiden, im Olivenöl weich dünsten.

·–5–·
Die Kräuterknöpfli in einer beschichteten Bratpfanne in der Butter schwenken und heiß werden lassen. Anrichten. Mit den Zwiebeln garnieren.

Tipps
Die Knöpfli können einige Tage im Kühlschrank aufbewahrt oder tiefgekühlt werden. Tiefgekühlte Knöpfli gefroren in das kochende Salzwasser geben und an die Oberfläche steigen lassen.

Süße Kürbispie

süße Mahlzeit
für 8 Personen als Dessert

für ein Kuchenblech
von 26 cm Durchmesser

Mürbeteig
250 g Dinkelweißmehl/ Mehltype 630
1 Prise Meersalz
125 g kalte Butter
50 g flüssiger Blütenhonig
1–3 EL Wasser
1 Freilandei

Füllung
ca. 700 g geschälter, entkernter Kürbis, mehlige Sorte
200 g Crème fraîche oder 2 dl/200 ml Rahm/Sahne
100 g flüssiger Blütenhonig
3–4 Eier, je nach Größe
2 Eigelbe
Zimt-, Ingwer- und Nelkenpulver
1 Orange, abgeriebene Schale
120 g Cashewkerne, grob gehackt

·–**1**–·
Für die Füllung den Kürbis in Würfel schneiden, im Dampf weich garen, pürieren. Das Kürbispüree in einem feinmaschigen Sieb am besten über Nacht abtropfen lassen.

·–**2**–·
Für den Mürbeteig Mehl und Salz mischen, die Butter in Stückchen schneiden, mit dem Mehl krümelig reiben. Mehlmischung auf die Arbeitsfläche häufen, eine Vertiefung formen. Honig, Wasser und Ei in die Vertiefung geben, zu einem Teig zusammenfügen, nicht kneten.

·–**3**–·
Mürbeteig zwischen zwei Klarsichtfolien auf Formgröße ausrollen, in die eingefettete Form legen. 30 Minuten oder länger kühl stellen.

·–**4**–·
Backofen auf 230 °C vorheizen.

·–**5**–·
Für die Füllung Kürbispüree, Crème fraîche, Honig, Eier und Eigelbe verrühren, würzen. Orangenschale und Cashewkerne unterrühren. Auf dem Teigboden verteilen.

·–**6**–·
Kürbispie in der Mitte in den Ofen schieben, bei 230 °C etwa 10 Minuten backen. Ofen auf 190 °C zurückschalten, Pie weitere 40 Minuten backen.

Wildkräuter im Ausbackteig

Aperitif

125 g Dinkelweißmehl/
Mehltype 630
2½ dl/250 ml helles Bier
1 Ei, Eigelb und Eiweiß getrennt
1 EL Olivenöl extra vergine
1 unbehandelte Zitrone, abgeriebene Schale

Olivenöl extra vergine zum Braten

Kräuter
Salbei
Brennnesselspitzen
Beinwell
Hopfentriebe
Bärlauch

·–1–·
Für den Ausbackteig Mehl, Bier, Eigelb und Olivenöl glatt rühren, mit Zitronenschale abschmecken. 30 Minuten ruhen lassen. Das Eiweiß zu Schnee schlagen und unterziehen.

·–2–·
Kräuter waschen und trocken schleudern.

·–3–·
Kräuter im Ausbackteig wenden, in einer beschichteten Bratpfanne in reichlich Olivenöl beidseitig backen. Mit wenig Salz bestreuen. Sofort servieren.

Gefüllte Blätter
Die Hälfte der Blätter mit Ziegenfrischkäse bestreichen, mit einem zweiten Blatt zudecken. Durch den Ausbackteig ziehen. Im Olivenöl beidseitig backen.

Abbildung

Quinoa-Omelett

Mahlzeit
für 6 Omeletts

2 EL Olivenöl extra vergine
1½ dl/150 ml Sojamilch
3 Eier
½ TL Meersalz
75 g Quinoamehl
25 g Dinkelruchmehl/
Mehltype 1050
1 Rosmarinzweig, Nadeln abgestreift und fein gehackt

·–1–·
Olivenöl, Sojamilch, Eier und Salz gut verquirlen, Quinoa- und Dinkelmehl zugeben, glatt rühren. Den Teig 30 Minuten quellen lassen. Rosmarin unterrühren.

·–2–·
Aus dem Teig in einer beschichteten Bratpfanne in wenig Olivenöl 6 Omeletts backen.

Tipp
Die Omeletts mit gedünstetem Spinat oder gedünstetem gemischtem Gemüse füllen.

Mais-Honig-Kuchen

Dessert

für eine Springform von 25 cm Durchmesser

250 g warme flüssige Butter
250 g heller Honig
4 Eier, Eigelb und Eiweiß getrennt
250 g feines Maismehl
250 g Dinkelruchmehl/Mehltype 1050
1 Briefchen phosphatfreies Backpulver
1 Msp Meersalz
1 TL Vanillepulver

·– **1** –·
Den Backofen auf 180 °C vorheizen. Rand und Boden der Springform einfetten, mit Mehl bestäuben.

·– **2** –·
Den Honig zur flüssigen Butter geben und glatt rühren. Die Eigelbe unterrühren.

·– **3** –·
Maismehl, Dinkelmehl, Backpulver, Salz und Vanillepulver mischen, unter die Honig-Butter-Masse rühren. Das Eiweiß zu Schnee schlagen und unterziehen. Den Teig in die Form füllen.

·– **4** –·
Mais-Honig-Kuchen in der Mitte in den Ofen schieben, bei 180 °C etwa 40 Minuten backen. Nadelprobe machen.

Serviervorschlag
Mit einem Kompott von frischen Früchten oder Dörrfrüchten und / oder einer Vanillesauce servieren.

Maismehl
Weil das Maismehl kein Klebereiweiß (Gluten) enthält, muss es zum Backen mit anderen Mehlsorten gemischt werden. Aus reinem Maismehl entstehen hingegen die Tortillas, die typisch mexikanischen Fladenbrote.

Tessiner Brottorte

Dessert

für eine Springform von 20 cm Durchmesser

200 g altbackenes Brot
½ l heiße Milch
1 Freilandei
80 g Honig
½ Zitrone, abgeriebene Schale und Saft
2 EL Grappa oder Kirsch
1 EL Kakaopulver
50 g geriebene Mandeln
100 g Sultaninen
Orangeat oder Zitronat, nach Belieben

Pinienkerne zum Bestreuen
einige Butterflocken

·– **1** –·
Das Brot in einer Schüssel mit der kochenden Milch übergießen. Stehen lassen, bis es weich ist, dann mit einer Gabel zerpflücken.

·– **2** –·
Den Backofen auf 180 °C vorheizen. Den Rand der Springform einfetten, den Boden mit Backpapier belegen.

·– **3** –·
Das Brot mit den restlichen Zutaten vermengen. Die Masse in die Springform füllen, die Pinienkerne darüberstreuen, mit Butterflocken belegen.

·– **4** –·
Die Tessiner Brottorte in der Mitte in den Ofen schieben, bei 180 °C 40 bis 50 Minuten backen.

Tipp
Die Torte einen Tag ruhen lassen, sie schmeckt dann noch besser und ist saftiger.

Pinienkerne
Der Pinienbaum ist im ganzen Mittelmeerraum heimisch. Erst nach vierzig Jahren tragen die Pinienbäume voll Früchte. Die dicken Pinienzapfen brauchen zur Reifung drei Jahre. Wenn sich die Zapfen öffnen, springen die hartschaligen hell- bis dunkelbraunen Samen heraus. Durch das Trocknen springt dann die harte Schale auf und macht den Weg frei für die fettglänzenden elfenbeinfarbenen Kerne, welche die Form eines Reiskorns haben.

Orecchiette mit Cima di Rapa

Mahlzeit

300–400 g Orecchiette
Gemüsebrühe
800 g Cima di Rapa
6 EL Olivenöl extra vergine
2–3 Knoblauchzehen
1 roter Peperoncino
Meersalz
frisch gemahlener Pfeffer

Pecorino, nach Belieben

·– **1** –·

Cima di Rapa samt Stielen und Blütenknospen in 1 cm bis 2 cm breite Streifen schneiden. Peperoncino längs aufschneiden, entkernen und in Streifchen schneiden. Knoblauchzehen schälen, in feine Scheiben schneiden.

·– **2** –·

In einem großen Kochtopf reichlich Gemüsebrühe erhitzen, Orecchiette zufügen und al dente kochen. Cima di Rapa 5 bis 7 Minuten mitkochen, abgießen.

·– **3** –·

Knoblauch und Peperoncini im Olivenöl weichdünsten, Orecchiette-Gemüse-Gemisch zugeben, alles gut mischen, anrichten und mit dem Pecorino bestreuen.

Tipp

Das Pasta-Kochwasser ist reich an Mineralstoffen; für eine Suppe verwenden.

Pecorino

Der populäre Hartkäse wird aus Schafmilch hergestellt. Er ist wie der aus Kuhmilch hergestellte Parmesan ein idealer Reibkäse und passt wunderbar zu Pasta.

Cima di Rapa

Der schnellwüchsige Stängelkohl ist mit dem Raps verwandt. Cima di Rapa ist in Italien sehr beliebt. Er wird dort ganzjährig angebaut und kommt je nach Jahreszeit ganz aus dem Süden oder aus nördlicheren Regionen. Das Gemüse hat zwar einen kräftigen Kohlgeschmack, ist aber dennoch fein. Solange das Gemüse jung ist, wird die ganze Pflanze verwendet, ansonsten werden harte Blätter entfernt.

Suppeneintopf mit Kabis, Reis und Sauerkraut

Mahlzeit

2 EL Olivenöl extra vergine
1 große Zwiebel
2 Knoblauchzehen
200 g Weißkabis / -kohl
150 g weißer Langkornreis
150 g rohes Sauerkraut
1 große Karotte
1 TL Rosenpaprikapulver
1 TL Senf
einige Kümmelsamen
1½ l Gemüsebrühe
100 g Kidneybohnen / rote Bohnen
1 EL fein gehackter Majoran
Kräutermeersalz
frisch gemahlener weißer Pfeffer

·–1–·

Kidneybohnen über Nacht in kaltem Wasser einweichen. Einweichwasser weggießen. Kidneybohnen mit viel frischem Wasser aufkochen, bei schwacher Hitze rund 45 Minuten kochen, bis die Bohnen weich sind.

·–2–·

Die Zwiebel schälen und fein würfeln. Die Knoblauchzehen ebenfalls schälen. Den Kabis in Streifchen schneiden. Die Karotte schälen und in Würfelchen schneiden.

·–3–·

Zwiebeln und durchgepresste Knoblauchzehen im Olivenöl andünsten. Weißkabis, Reis, Sauerkraut und Karotten zugeben und mitdünsten, mit Paprika bestäuben. Senf und Kümmelsamen unterrühren, mit der Gemüsebrühe ablöschen, aufkochen, Eintopf bei schwacher Hitze 20 bis 30 Minuten köcheln lassen, bis der Reis gar ist, Kidneybohnen und gehackten Majoran unterrühren, abschmecken.

Rosenpaprika

Für die Gewinnung von Paprika werden die Samen und Scheidewände der Paprikafrüchte (botanisch sind es Beeren) entfernt, um so ein milderes und stärker gefärbtes Produkt zu erhalten. Aus den anfallenden Pflanzenteilen wird der preisgünstigere Rosenpaprika gewonnen.

Tagliatelle mit Grünspargel

Mahlzeit

400g Tagliatelle/
breite Nudeln
500g Grünspargel
4EL Olivenöl extra vergine
1 Becher Crème double oder
Mascarpone
1 Zitrone, abgeriebene
Schale und Saft
1–2EL fein gehackte
glattblättrige Petersilie
frisch gemahlener Pfeffer
Sbrinz- oder
Parmesanspäne

·–1–·
Grünspargel großzügig anschneiden, das untere Drittel schälen, Stangen in 3 bis 4cm lange Stücke schneiden.

·–2–·
Tagliatelle in viel Salzwasser al dente kochen, Grünspargel 2 bis 4 Minuten mitkochen, in ein Sieb abgießen, dabei das Kochwasser für eine Suppe auffangen.

·–3–·
Olivenöl, Crème double, Zitronensaft, Zitronenschale und Kräuter verrühren.

·–4–·
Spargel-Tagliatelle-Gemisch in den Topf geben und mit der Sauce vermengen. Erhitzen. Anrichten. Garnieren mit grob gemahlenem Pfeffer und Käsespänen.

Abbildung

Risotto mit Cicorino rosso und Spinat

Mahlzeit

4EL Olivenöl extra vergine
1 große Zwiebel
400g Mittel- oder Rundkorn-
Vollreis für Risotto
1EL fein gehackte Rosmarin-
nadeln oder
fein gehackter Thymian
2dl/200ml Weißwein
ca. 1,4l Gemüsebrühe
2 Cicorino rosso/Radicchio
di Verona
200g Spinat
frisch gemahlener Pfeffer

·–1–·
Die Zwiebel schälen und fein würfeln. Beim Cicorino rosso die äußeren Blätter entfernen, die Köpfchen halbieren und quer in Streifen schneiden. Den Spinat waschen, trocken schleudern, in Streifen schneiden.

·–2–·
Zwiebeln im Olivenöl andünsten, Reis und Rosmarinnadeln mitdünsten, mit dem Weißwein ablöschen. Gemüsebrühe nach und nach zugeben. Unter zeitweiligem Rühren 20 bis 25 Minuten köcheln. Cicorino rosso die letzten 4 bis 5 Minuten, Spinat die letzten 3 bis 4 Minuten mitkochen, mit Pfeffer abschmecken und mit Olivenöl abrunden.

Kastanienravioli mit Salbeibutter

Mahlzeit

für 35–45 Ravioli

Ravioliteig
150 g Dinkelruchmehl/ Mehltype 1050 oder Dinkelweißmehl/ Mehltype 630
100 g Kastanienmehl (aus luftgetrockneten Kastanien)
2 Eier
1 TL Meersalz
1 EL Olivenöl extra vergine

Füllung
30 g Speckwürfelchen oder 1 EL Olivenöl extra vergine
100 g tiefgekühlte Kastanien
reichlich fein gehackte Kräuter, z. B. Salbei, Rosmarinnadeln, Thymian
2 Knoblauchzehen
1 Zitrone, wenig abgeriebene Schale
100 g Ricotta
40 g Ziegenfrischkäse
3 EL Olivenöl extra vergine
Meersalz
frisch gemahlener Pfeffer

50 g Butter
1 Bund Salbei, Blättchen abgezupft

·–1–·
Für den Ravioliteig Mehle, Eier, Salz und Olivenöl in einer Schüssel glatt rühren. So viel Wasser zugeben, dass ein glatter Teig entsteht. Teig in Klarsichtfolie einwickeln, bei Zimmertemperatur mindestens 30 Minuten ruhen lassen.

·–2–·
Kastanien im Dampf knapp weich garen.

·–3–·
Den Ravioliteig auf bemehlter Arbeitsfläche dünn ausrollen und Rondellen von 5½ bis 8 cm Durchmesser ausstechen, 30 Minuten trocknen lassen.

·–4–·
Kastanien und Kräuter fein hacken. Speckwürfelchen in einer Bratpfanne auslassen oder Olivenöl erhitzen, Kastanien und Kräuter zugeben, Knoblauchzehen dazupressen, kurz dünsten. Abkühlen lassen. Übrige Zutaten unterrühren, mit Salz und Pfeffer abschmecken.

·–5–·
Die Kastanienmasse auf die Hälfte der Teigrondellen verteilen, mit einer Rondelle zudecken, den Rand mit einer Gabel gut andrücken.

·–6–·
Die Ravioli in reichlich Salzwasser al dente kochen, 4 bis 5 Minuten.

·–7–·
In der Zwischenzeit die Salbeiblätter in der Butter kurz braten. Ravioli mit einem Schaumlöffel aus dem Kochwasser nehmen, in der Salbeibutter schwenken.

Tipps
Die rohen und gekochten Ravioli können im Kühlschrank 2 bis 3 Tage aufbewahrt werden. Restliche Füllung als Brotaufstrich verwenden.

Spaghetti mit Kürbis-Tomaten-Sugo

Mahlzeit

400–500 g Spaghetti

Sugo
4 EL Olivenöl extra vergine
2 mittelgroße Zwiebeln
2 Knoblauchzehen
1 kg fruchtiger Kürbis
1 Kräutersträußchen
400–600 g Pelati aus dem Glas/der Dose
2–4 dl/200–400 ml Gemüsebrühe
frisch gemahlener Pfeffer
fein gehackte Petersilie

·–**1**–·
Den Kürbis halbieren und entkernen. Bei einer harten Schale den Kürbis mit dem Messer, bei einer weichen Schale mit dem Sparschäler schälen. Das Fruchtfleisch in Würfel schneiden. Zwiebeln und Knoblauchzehen schälen und ebenfalls fein würfeln. Kräuter von den Stielen zupfen und fein hacken. Bei den Pelati Stielansatz entfernen, Tomaten zerkleinern.

·–**2**–·
Zwiebeln und Knoblauch im Olivenöl andünsten, Kürbis, Kräuter, Tomaten und Gemüsebrühe zugeben, etwa 12 Minuten köcheln, mit Pfeffer abschmecken. Petersilie unterrühren.

·–**3**–·
In einem großen Kochtopf reichlich Salzwasser erhitzen, die Spaghetti zufügen und al dente kochen. Abgießen. Zur Sauce geben, vermengen, schwenken.

Tomaten
Tomaten aus dem Glas während der Saison durch erntefrische, fleischige Tomaten ersetzen. Dazu die Tomaten mit dem Sparschäler schälen, den Stielansatz ausstechen, die Gemüsefrüchte zerkleinern.

Tagliatelle mit Nuss-Mascarpone-Sauce

Mahlzeit
für 6 Personen

3 Eier
4 Eigelbe
1 EL Baumnussöl
200 g Dinkelhalbweißmehl
200 g Hartweizenmehl / Dunst für Pasta
100 g fein geriebene Baum- / Walnusskerne
evtl. wenig Wasser

Nuss-Mascarpone-Sauce
3 EL Olivenöl extra vergine
1 kleine Zwiebel oder Schalotte, klein gewürfelt
1,2 dl / 120 ml Weißwein
200 g Mascarpone
80 g gehackte Baum- / Walnusskerne
1 Zitrone, abgeriebene Schale
Kräutermeersalz
frisch gemahlener Pfeffer

einige Salbeiblätter für die Garnitur
wenig Olivenöl extra vergine zum Braten

·–**1**–·
Für den Pastateig Eier, Eigelbe und Öl verquirlen, Mehl und Nüsse zugeben, alles zu einem glatten Teig zusammenfügen. Den Teig in Klarsichtfolie einwickeln und bei Zimmertemperatur 30 Minuten ruhen lassen.

·–**2**–·
Teig auf leicht bemehlter Arbeitsfläche in Portionen ausrollen, immer wieder mehlen und ausrollen, bis der Teig dünn genug ist. In beliebig breite Streifen schneiden.

·–**3**–·
Für die Sauce die Zwiebeln im Olivenöl andünsten, mit dem Weißwein ablöschen, einige Minuten köcheln lassen.
Vor dem Servieren Mascarpone, Nüsse und Zitronenschale unterrühren, würzen.

·–**4**–·
Reichlich Salzwasser erhitzen, Tagliatelle zugeben und al dente kochen.

·–**5**–·
In der Zwischenzeit Salbeiblätter in wenig Olivenöl kurz knusprig braten.

·–**6**–·
Pasta abgießen, mit der heißen Sauce vermengen. Anrichten. Mit dem Salbei garnieren.

Rezept
Es stammt von einem Bio-Weinhändler. Die Pasta liefert einige Kalorien, trotzdem sollte man sie versuchen. Es wird garantiert ein kulinarisches Erlebnis sein.

Gemüse und Kartoffeln

Frisches Gemüse für frische Ideen

·– Spinatgeschichten –·

Dieter Scheibler hat in der Nacht nicht mehr als zwei Stunden geschlafen. Der Spinat ist an allem schuld – das heißt, eigentlich nicht der Spinat, sondern die Verordnungen, die man beachten muss, wenn man mitten in bewohntem Gebiet einen Biohof mit Gemüseanbau betreibt. Und durch aufgebrachte Anwohner und deren Polizeiaufgebot wertvolle Zeit verliert. Aber eben da dran ist der Spinat schuld. Der muss nämlich zum Ernten feucht sein und darf, einmal gepflückt, nicht warm bekommen, weil er sonst augenblicklich schlapp macht und dann natürlich nicht mehr verwendet werden kann. Ein Kunststück bei diesem prächtigen Frühsommerwetter! Aber jetzt ist er im richtigen Stadium, er muss gepflückt werden, sonst wird der Gehalt an Oxalsäure zu hoch. Deshalb erntet man ihn nachts, und dies erst, nachdem er mit Wasser besprüht worden ist. – Dieter Scheibler erzählt seinem Bruder Beat, der einen zweiten im Dorf gepachteten Hof führt und ebenfalls Gemüse anbaut, dass man den Spinat im Anhänger nach Kräften gestampft habe, dass aber trotzdem nicht aller Platz gefunden habe. «Spinat stampfen? – Nun habt ihr doch gerade gesagt, wie sensibel der ist...!» Auf unsere erstaunte Frage kommt die seelenruhige Antwort: «Ja, wenn alles richtig läuft, darf man auf ihm herumtrampeln, so viel man will – er erholt sich immer wieder. Und damit das ganze Feld im Anhänger Platz findet, muss man ihn etwas hinuntertreten. Selbstverständlich nicht mit unseren Arbeitsstiefeln!» – Aber es hat heute früh um fünf Uhr nicht gereicht, die Ernte war zu groß oder der Anhänger möglicherweise zu klein. Das ganze Prozedere mit dem Einholen der Bewilligung für die Nachternte, das Organisieren des Spinatmähers, das Feldbesprühen und das Ernten wird in der kommenden Nacht wiederholt.

Wegen seines hohen Gehalts an Vitaminen, sekundären Pflanzenstoffen und Eisen, das im Laufe der Zeit abnimmt, muss Spinat möglichst rasch weiterverarbeitet werden. Zwar ist der Eisenanteil nicht so hoch, wie dies jahrelang aufgrund eines Abschreibfehlers behauptet wurde, aber immerhin enthält er doppelt so viel wie Karotten. Deshalb wird, wenn wir um elf Uhr den Hof verlassen, ein Großteil des nachts geernteten Spinats dreißig Kilometer von hier entfernt bereits verarbeitet und eingefroren sein.

Der Bio-Spinat ist die Königsdisziplin, eine Herausforderung für jeden Bio-Bauern. Wenn der gelingt, kann man stolz sein. Alles andere ist im Vergleich zu ihm eigentlich einfach.

·– Handarbeit und Know-how –·

Wir werden im Partyraum von Beat Scheibler mit einer Tasse dampfendem Kaffee, den alle hier dringend nötig haben, und beschwingt-entspannter Musik aus den Lautsprechern gestärkt. Ein großer Raum im Neubau, der einerseits als Abpackraum von Bio direct dient, andererseits für Feste vermietet wird. Am kommenden Samstag wird er wieder benutzt; noch muss einiges bereitgestellt werden.

Die beiden Scheiblers haben sich neben der Produktion der Direktvermarktung verschrieben. Dazu gehört die Vertriebsorganisation für Frischobst und -gemüse, die sie zusammen mit fünf Landwirten gegründet haben. Sie liefern ihre Produkte zudem an umliegende Gastrobetriebe, welche nicht als Knospe-Betriebe auftreten, aber einen Großteil ihrer Ware von Scheiblers Höfen beziehen. Und Dieter betreibt einen Hofladen. Die Scheibler-Brüder sind in der Region verwurzelt, und obwohl sie alles etwas anders machen – oder eben gerade deswegen? – sind sie respektiert. Auch die Medien wurden schon auf sie aufmerksam. Bio-Bauern sind gefragt, denn sie haben Erfahrungen, die jenen, die sich von der Natur entfernt haben, fehlen. Wie kommt man denn nun wirklich ohne Gift den Schädlingen bei, und wie gedeiht das Gemüse ohne die ganze Chemie, ohne die sich viele schlicht nicht mehr vorstellen können, produzieren zu können?

Die drei Zauberworte heißen Handarbeit, Beobachtung, Wissen. Und zwar von allem viel. Ohne die Bereitschaft dazu kann keiner Biobauer werden. So muss zum Beispiel ein Feld am Anfang zweimal pro Woche zur Unkrautbekämpfung gestriegelt werden – mit einem speziellen Gerät wird die Erde zwischen den Saatreihen gelockert. Für die Erde eine Art von Liebkosung, die sie belüftet und vitalisiert. Später reicht es dann, einmal pro Woche durch die Reihen zu gehen, so lange, bis die Kultur den Boden bedeckt. Aber das braucht Zeit, das ist ein eindeutiger Mehraufwand gegenüber dem konventionellen Anbau. Gleichzeitig sieht man aber auch, wie es um die Pflanzen steht. Denn man muss reagieren können, bevor sich ein Schädling ausgebreitet hat. Sonst ist es zu spät und es gibt einen größeren Ernteausfall. Wobei nicht jeder Schädling als solcher angesehen werden muss – wenn man früh genug dran ist. So können Läuse aus einer andern Optik auch als Nützlinge angesehen werden, weil sie ein exzellentes Futter für «wirkliche» Nützlinge wie die Marienkäfer, Florfliegen, Schwebfliegen, Ohrwürmer, Schlupfwespen sind und diese anziehen. Man muss abschätzen können, ob eine Pflanze stark genug ist, um einen zeitweiligen Befall durchzustehen, oder ob sie Hilfe braucht.

Damit die Pflanze zu ihren Nährstoffen kommt, wird pflanzlicher Kompost in die Erde eingearbeitet, zudem wird drei Wochen vor der Aussaat Jauche ausgeführt. Durch die langjährige und kluge biologische Bewirtschaftung wird der Boden zudem immer reicher und lebendiger.

·– **Direktvermarkter** –·

Nun ist auch Markus Schütz dazugestoßen, ebenfalls Biobauer, allerdings erst seit wenigen Monaten. Er ist studierter Agronom und ihn interessiert neben dem Anbau der Absatz, das Marketing. Auf seinem Mist ist die Idee gewachsen, Privathaushalte und Firmen mit Frischobst- und Gemüsepaketen zu beliefern. Je nach individuellen Bedürfnissen werden diese zusammengestellt und auf direktem Weg per Post geliefert. Eine clevere Idee, die den Bauern weitgehende Unabhängigkeit garantiert und jene mit Vitalstoffen versorgt, welche keine Zeit haben oder keine Möglichkeit, in ihrer Umgebung Bio-Produkte einzukaufen. Die Zusammenarbeit der unterdessen fünfzehn Bauern ermöglicht zudem, von einer Gemüsesorte jeweils Felder in einer sinnvollen Größe anzulegen. So kann mit der Zeit der noch immer viel zu hohe Arbeitsaufwand etwas optimiert werden. Allein für das Jäten braucht es heute pro Hektare bis zu 300 Stunden. Ziel ist, diesen Aufwand noch wesentlich zu verringern. Ein notwendiger Schritt Richtung Lebensqualität und Wirtschaftlichkeit.

Nach der weckenden Tasse Kaffee brauchen wir nur ein paar Schritte zu machen: Gerade angrenzend an den Hof von Beat Scheibler liegt ein Feld mit Kefen/Zuckererbsen und eines mit Fenchel. Die Aussicht von hier über das dicht besiedelte Land bis hin zu den fernen Hügelzügen unter dem tiefblauen Frühsommerhimmel ist befreiend. Wir befinden uns in einer Oase, welche die Menschen der Umgebung mit frischem, unbelastetem Gemüse versorgt. Auf seinem Hof, der etwas näher dem Tal zu gelegen ist, betreibt Dieter Scheibler einen gut besuchten Hofladen. Vielleicht ist dieser nur ein Vorwand, um die geschäftigen Menschen immer mal wieder hier herauf zu locken, damit sie tief durchatmen und sich der wirklichen Werte im Leben bewusst werden. Und den stresslosen Einkauf im kleinen Laden genießen, in dem von Kaffee über Kosmetik bis zu erntefrischem Obst und Gemüse einfach alles zu finden ist. Natürlich nicht in zigfacher Ausführung wie in den monströsen Einkaufszentren wenige hundert Meter von hier, und doch meilenweit entfernt, dafür in naturbelassener Qualität.

Gemüse und Kartoffeln

·– Bio-Gemüse für gesunde Genießer –·

Die biologische Produktion ist ganzheitlich; sie ist für Mensch und Umwelt nachhaltig gut. Die Verdauung einer Pflanze kann mit derjenigen des Menschen verglichen werden: Wer mit Nährstoffbomben gespeist und vollgepumpt wird, kann den Inhalt gar nicht verdauen. Mineralstoffe und Vitamine landen irgendwo, nur nicht im Gemüse. Bio-Anbau dagegen bedeutet langsames Wachstum, damit die Pflanze ein starkes Immunsystem entwickeln und mit Unterstützung der ihr entsprechenden Jahreszeit Vitamine und Mineralstoffe optimal aufnehmen kann.

·– bio – frisch und saisonal –·

Bio-Produkte sind weniger nitrat- und schadstoffbelastet dank einer besseren Verwertung der Nährstoffe aus organischem Dünger. Auch bezüglich Aroma und Bekömmlichkeit sind sie im Vorteil: Übermäßiger Chemie-Einsatz beeinträchtigt das Aroma, auch wenn für das Auge alles stimmt. Wenn unsere Nahrung nicht nur den Kalorienbedarf decken, sondern uns wirklich ernähren und die Widerstandskraft stärken soll, so ist natürlich angebautes Bio-Gemüse den Produkten aus konventioneller oder gar Hors-sol-Produktion weit überlegen. Heute garantieren einige Label Bio-Qualität. Die beiden ursprünglichen Richtungen bio-organisch und bio-dynamisch unterscheiden sich in der Philosophie und in den erlaubten Hilfsstoffen. Der biologisch-dynamische Anbau arbeitet bewusst mit den Kräften der Natur zusammen.

Gemüse

·– Frühling / Frühsommer –·

Artischocke, Cima di Rapa, grüne Erbse, Karotte, Kefe / Zuckererbse, Kohlrabi, Krautstiel / Stielmangold, Radieschen, Rettich, Spargel, Spinat, Zucchino/ Zuchetti

·– Sommer –·

Aubergine, Blumenkohl, grüne Bohne, Brokkoli, Fenchel, Gurke, Karotte, Patisson, Peperoni / Gemüsepaprika, Rondini, Tomate, Zuckermais, Zwiebel

·– Herbst –·

Bodenkohlrabi, Chinakohl, Feder- / Grünkohl, Herbstrübe, Kabis / Kohl, Kardy, Karotte, Knoblauch, Kürbis, Lauch, Pak-Choi, Pastinake, Rosenkohl, Schwarzwurzel, Stangen- / Staudensellerie, Topinambur, Wirz / Wirsing

·– Winter –·

Herbstrübe, Bodenkohlrabi, Meerrettich, Pastinake, Petersilienwurzel, Rande / Rote Bete, Knollensellerie, Stachys, Topinambur, Winterrettich

Blattsalate

·– Frühling / Sommer –·

Brunnenkresse, Catalogna, Gartenkresse, Kopfsalat, Lollo, Rucola, Schnittmangold, Schnittsalat, Spinat

·– Sommer / Herbst –·

Batavia, Catalogna, Eichblatt, Eisberg, Frisée, Gartenkresse, Kopfsalat, Krachsalat, Lattich, Lollo, Portulak, Rucola, Schnittsalat, Spinat

·– Herbst / Winter –·

Brüsseler Endivie, Batavia, Cicorino rosso, Eichblatt, Eisberg, Endivie, Nüssli- / Feldsalat, Zuckerhut

·– Winter / Frühling –·

Brüsseler Endivie, Cicorino rosso, Endivie, Nüssli- / Feldsalat, Portulak, Zuckerhut

Inhaltsstoffe

Das Gemüse ist reich an Vitaminen, vor allem den Vitaminen A und C, Mineralstoffen wie Kalzium, Magnesium, Kalium, Eisen, sowie an Ballaststoffen und sekundären Pflanzenstoffen. Das Gemüse muss unmittelbar nach der Ernte verwertet werden, da der Vitalstoff-Abbau rasch einsetzt.

Gemüse vorbereiten

Das Gemüse nach Möglichkeit im unverletzten Zustand waschen, damit ein Vitalstoffverlust vermieden werden kann. Gerüstetes/geputztes Gemüse nie (auch nicht im Wasser) liegen lassen – Sauerstoff- und Lichteinfluss beschleunigen den Abbau der Vitalstoffe.

Roh oder gekocht?

Im rohen Zustand bleiben die Vitamine erhalten. Während des Kochprozesses geht ein Teil davon verloren, dafür werden die Mineralstoffe aufgeschlossen und können so vom menschlichen Organismus aufgenommen werden. Zudem bilden sich anregende Geschmacks- und Geruchsstoffe. Beim Kochen wird das Gemüse quasi vorverdaut; wird es roh gegessen, muss der Organismus die ganze Arbeit alleine leisten. Beim Kauen fängt dabei die Selbsterziehung bereits an. Jede Mahlzeit soll idealerweise aus je einem Anteil Rohkost und gekochtem Gemüse bestehen.

Grundsätzlich eignet sich fast alles Gemüse zum Rohessen, außer alle Arten von Bohnen (sie enthalten den giftigen Stoff Phasin, der durch den Garprozess zerstört wird) und die Kartoffeln (sie enthalten Solanin, das in hoher Konzentration zu Vergiftungen führt). Nicht alles, was aus gesundheitlicher Sicht roh verzehrt werden kann, schmeckt jedoch auch dem Gaumen.

Rohes Gemüse kann als Salat zubereitet werden. Dabei unterstützt die Salatsauce die Verdauung. Der Ölanteil garantiert, dass die fettlöslichen Vitamine aufgenommen werden können. Immer beliebter, nicht nur bei Kindern, sind Gemüsedips. Besonders geeignet sind Karotten, Gurken, Kohlrabi, Peperoni/Gemüsepaprika, Stangen-/Staudensellerie, Rettich, Zucchini/Zuchetti, welche in Stängel geschnitten und mit Dipsaucen serviert werden.

Garmethoden

Bei richtiger Gartechnik kann der Verlust von Vitalstoffen (Vitamine, Mineralstoffe, sekundäre Pflanzenstoffe usw.) sehr niedrig gehalten werden. Bei Gemüse und Kartoffeln ist – außer bei einer Suppe – auf das «Wasserbad» zu verzichten. Ideal ist das Garen im Dampf (mit Siebeinsatz) oder das Dünsten im eigenen Saft, nach dem vorherigen Andünsten in Öl oder Butter. In beiden Fällen erst nach dem Kochen würzen. Auch hier ist ein gut schließender, wärmespeichernder Kochtopf wichtig.

Säure-Basen-Balance

Fastfood macht die einen reich, die andern dick – den Organismus sauer. Er funktioniert nur im leicht basischen Milieu optimal.

Basenüberschüssig sind Gemüse, Kartoffeln, Obst und Beeren. Leicht säureüberschüssig sind Hülsenfrüchte und Getreide; Nahrungsmittel mit tierischem Eiweiß (Fleisch, Käse usw.) sind stark säureüberschüssig. Olivenöl, Rapsöl und Sonnenblumenöl sind neutral. Dabei muss keinesfalls säurebildend sein, was sauer schmeckt: Zitronen, obwohl sauer, sind basisch.

Der menschliche Säure-Basen-Haushalt wird durch die Nieren größtenteils ausbalanciert. Bei einer gesunden Ernährung mit einem hohen Anteil an pflanzlicher Kost (etwa 80 % basische, 20 % säurebildende Nahrungsmittel) verfügt der Organismus über einen gut funktionierenden Regelmechanismus. Ein übersäuerter Organismus birgt ein erhöhtes Risiko für Osteoporose, Cellulite, Arthritis und Rückenschmerzen. Entschlackungstage – z. B. ein Früchte-/Gemüsetag oder ein Molkentag – entlasten den Stoffwechsel.

KARTOFFELN

Kartoffeln aus neuer Ernte kommen ab Mitte Mai als «Frühkartoffeln» in den Handel. Ab September steht dann ein gutes Dutzend Kartoffelsorten zur Auswahl. Sie unterscheiden sich bezüglich Geschmack, Kocheigenschaften und Lagerfähigkeit.

Zu rund einem Fünftel bestehen Kartoffeln aus leicht verdaulicher Stärke (Kartoffelstärke ist ein beliebtes Bindemittel). Fett enthalten sie nur in Spuren. Kartoffeln enthalten ein sehr hochwertiges Eiweiß, das unter den pflanzlichen Produkten nach demjenigen von Soja an zweiter Stelle steht. Ihre biologische Wertigkeit kann in Kombination mit Milchprodukten wie Quark oder Käse gesteigert werden. Zu erwähnen ist der hohe Gehalt an Vitamin C und weiteren Vitaminen und Mineralstoffen. Kartoffeln sind basenüberschüssig.

·– **Kochtypen** –·

Kochtyp A: festkochend
Kochtyp B: vorwiegend festkochend
Kochtyp C: mehligkochend

Linsen-Kürbis-Suppe mit Kokosnussmilch

Vorspeise

2 EL Olivenöl extra vergine oder Rapsöl
1 mittelgroße Zwiebel, fein gewürfelt
150 g rote Linsen
2 EL mittelscharfer Curry
1 Kürbis (500 g Kürbisfleisch), z. B. Potimarron
8 dl / 800 ml Gemüsebrühe
2½ dl–5 dl / 250 ml–500 ml Kokosnussmilch
Meersalz
ein Stück Ingwer
2 EL gehackte glattblättrige Petersilie
Schlagrahm / -sahne für die Garnitur

– 1 –

– 2 –

– 3 –

– 4 –

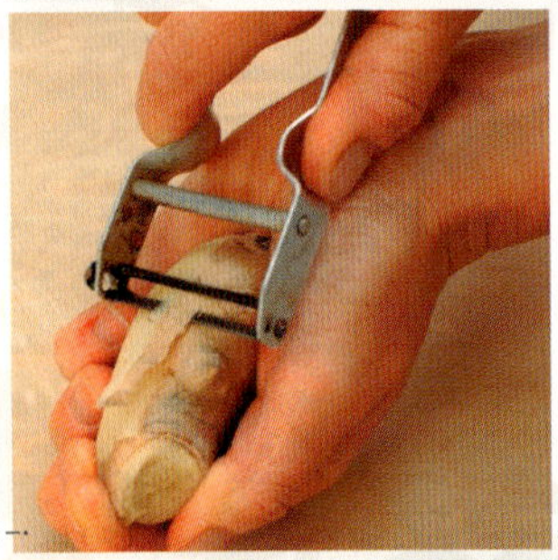

– 5 –

– 6 –

– 1 –
Den Kürbis halbieren und entkernen. Bei harter Schale den Kürbis mit dem Messer, bei weicher Schale mit dem Sparschäler schälen. Das Fruchtfleisch in Würfel schneiden (Step-by-Step-Bilder Seite 32).

– 2 –
Die Zwiebeln im Olivenöl andünsten (Bild 1), Linsen, Curry und Kürbiswürfel (Bild 2) zugeben und mitdünsten, mit der Gemüsebrühe ablöschen, aufkochen, köcheln, bis der Kürbis weich ist. 2½ dl / 250 ml Kokosnussmilch zugeben (Bild 3) und kurz köcheln lassen. Kürbissuppe mit dem Stabmixer pürieren (Bild 4). Ingwer schälen und auf einer feinen Reibe dazureiben (Bilder 5 und 6). Je nach Konsistenz mit mehr Kokosnussmilch verdünnen.

– 3 –
Heiße Linsen-Kürbis-Suppe anrichten, mit Schlagrahm und Petersilie garnieren.

Kokosnussmilch
Sie gibt Suppen und Saucen eine leicht cremige Konsistenz und bricht oftmals die Spitze von scharfen Zutaten. Durch langes Stehenlassen trennen sich Wasser und Fett ähnlich wie bei der Kuhmilch, wobei das Fett auf der Oberfläche abgelagert wird. Durch kräftiges Rühren verbinden sich die beiden Elemente wieder. Die Kokosnussmilch kann man auch selber aus Raspel herstellen: 50 g frische Kokosnussraspel etwa 10 Minuten in ½ l Wasser köcheln. Abseihen. Ergibt 2 dl / 200 ml Kokosnussmilch.

Gemüsecurry mit Kokosnussmilch

·–1–·

·–2–·

·–3–·

·–4–·

·–5–·

·–6–·

·–7–·

·–8–·

·–9–·

·–1–·

Für die Tofumarinade Sojasauce, Sherry und Olivenöl verrühren, Knoblauch und Chilipulver unterrühren. Tofu mit der Marinade mischen, 3 Stunden zugedeckt marinieren lassen.

·–2–·

Karotten schälen und in feine Scheiben schneiden. Beim Lauch die zähen Teile entfernen, Stangen in Ringe schneiden. Den Wirz in Streifen schneiden. Den Peperoni halbieren, Stielansatz und Kerne entfernen, die Schotenhälften in feine Streifen schneiden. Den Blumenkohl in kleine Röschen brechen. Beim Brokkoli den Stiel abschneiden, schälen und in Stäbchen schneiden, Blume in Röschen brechen.

·–3–·

Kokosnussmilch erhitzen, Gewürze, Zwiebeln und Knoblauch zugeben (Bilder 1, 2) und aufkochen. Gemüse und Peperoncini zugeben (Bilder 3, 4), aufkochen, bei schwacher Hitze 20 Minuten kochen.

·–4–·

Die Tofuwürfel in wenig Olivenöl bei mittlerer Hitze braten (Bild 5).

·–5–·

Kichererbsen (Bild 6) und Petersilie (Bild 7) zum Gemüsecurry geben, 5 Minuten köcheln, Zitronenschale dazureiben (Bild 8). Die gebratenen Tofuwürfel unterrühren (Bild 9). Sofort servieren.

Tipp

Je nach Appetit mit Couscous oder Vollreis servieren.

Mahlzeit

½ l Kokosnussmilch
1 TL Kurkuma, für die Farbe
2 EL Curry
1 Prise Muskatnuss
1 kleine Zwiebel, fein gewürfelt
2 Knoblauchzehen, durchgepresst
1 frischer roter Peperoncino, entkernt, in Ringen
200 g Karotten
200 g Lauch
100 g Wirz / Wirsing
1 roter Peperoni / Gemüsepaprika
200 g Blumenkohl oder Brokkoli, in Röschen
100–200 g gekochte Kichererbsen
2 EL gehackte glattblättrige Petersilie
½ unbehandelte Zitrone, abgeriebene Schale

100 g weicher Tofu, gewürfelt
½ dl / 50 ml Sojasauce
wenig Sherry
1 EL Olivenöl extra vergine
1 Knoblauchzehe, fein gewürfelt
1 Prise Chilipulver

Bratkartoffeln mit Baumnüssen und Salbei

·–1

·–2

·–3

·–4

·–5

·–6

Mahlzeit

4–5 EL Olivenöl extra vergine zum Braten
800 g Kartoffeln, vorwiegend festkochende oder mehligkochende Sorte
2 große rote Zwiebeln
1½ Handvoll Baumnuss-/Walnusskerne
1 Handvoll Salbeiblätter
Kräutermeersalz
frisch geriebene Muskatnuss

·–1–·
Die roten Zwiebeln schälen und halbieren, die Hälften in Streifen schneiden. Die Kartoffeln schälen und in Würfel schneiden.

·–2–·
Die Zwiebelstreifen in einer beschichteten Bratpfanne im Olivenöl andünsten (Bild 1), die Kartoffeln zugeben (Bild 2) und unter zeitweiligem Rühren bei mittlerer Hitze 25 bis 30 Minuten braten (Bild 3). Nüsse rund 5 Minuten (Bilder 4, 5) und Salbeiblätter kurz mitbraten (Bild 6). Mit Kräutersalz und Muskatnuss abschmecken.

Tipp
Mit einer Käseplatte servieren. Besonders fein dazu ist eine Auswahl an Brie- oder anderen Weichkäsen. Mit einem Salat abrunden.

Salbei
Das typisch mediterrane Kraut lässt in Kombination mit Zwiebeln und Nüssen Ferienstimmung aufkommen.

Süßsaure Zwiebeln

Beilage

450 g kleine Zwiebeln oder Schalotten
½ dl / 50 ml Weiß- oder Rotwein
3 dl / 300 ml Wasser
3 EL Olivenöl extra vergine
1 Lorbeerblatt
2 Stängel glattblättrige Petersilie
65 g Rosinen
3 EL Wald- oder Kastanienhonig
Meersalz
frisch gemahlener Pfeffer
Balsamico zum Beträufeln

Zwiebeln schälen, mit Wein, Wasser, Olivenöl, Lorbeer, Petersilie, Rosinen und Honig in einem Topf aufkochen, würzen, bei schwacher Hitze zugedeckt etwa 45 Minuten schmoren lassen. Balsamico darüberträufeln.

Serviervorschlag
Passt als Beilage zu Kartoffelstock, Trockenreis, Hirse, Couscous usw.

Abbildung

Karamellisierte Brüsseler Endivie

Beilage

4–8 Brüsseler Endivien
1 EL Wald- oder Kastanienhonig je Brüsseler Endivie
Meersalz
1–1½ dl / 100–150 ml Gemüsebrühe oder Wasser
Balsamico zum Beträufeln

Gemüsebrühe oder Wasser in eine möglichst weite Pfanne gießen. Brüsseler Endivien längs halbieren, mit der Schnittfläche nach oben in die Pfanne legen und mit Honig beträufeln, aufkochen. Bei schwacher Hitze zugedeckt etwa 20 Minuten schmoren lassen. Mit Balsamico beträufeln.

Rohkost mit Nuss-Honig-Dip

Aperitif

Gemüse
Fenchel, Karotten, Brüsseler Endivie, grüner Spargel, Stangensellerie, Kohlrabi, Rettich, Zucchini, je nach Jahreszeit

Dip
8 EL Gemüsebrühe
2 EL Olivenöl extra vergine
4 EL gemischte, geröstete Nüsse, z. B. Baumnuss-/Walnusskerne, Haselnüsse, Cashewkerne, mittelfein gehackt
einige Thymianzweigchen, Blättchen abgezupft
frisch gemahlener Pfeffer
je 1 EL Senf und Honig

·–1–·
Die Zutaten für den Dip nicht zu fein pürieren.

·–2–·
Das Gemüse putzen / schälen und in mundgerechte Stücke / Stäbchen schneiden.

Abbildung

Fenchelsalat mit Orangenfilets

Vorspeise

3–4 kleine Fenchel
2–3 Orangen
Fenchelgrün
geröstete Pinienkerne, nach Belieben

Marinade
3 EL Apfelessig
1 Zitrone, Saft
frisch gemahlener Pfeffer
4 EL Olivenöl extra vergine

·–1–·
Beim Fenchel die groben Fasern mit dem Sparschäler abschälen, Knollen halbieren und in Längsrichtung in feine Scheiben schneiden.

·–2–·
Orangen großzügig schälen, die weiße Haut vollständig entfernen, Fruchtfilets aus den Trennhäutchen lösen und entkernen.

·–3–·
Fenchelscheiben auf Tellern anrichten, Marinade darüberträufeln, mit Orangenfilets und Fenchelgrün garnieren. Pinienkerne darüberstreuen.

Kürbis frites

Beilage

1 kg geschälter, entkernter Kürbis, mehlige Sorte

1½ dl / 150 ml Milch
100 g Dinkelweißmehl / Mehltype 630
½ TL Kräutermeersalz
frisch gemahlener schwarzer Pfeffer

Olivenöl zum Frittieren

1 EL fein gehackte Petersilie, nach Belieben
1 Knoblauchzehe, fein gewürfelt, nach Belieben

·–**1**–·
Kürbis wie für Pommes frites in Stängelchen / Stäbchen schneiden.

·–**2**–·
Mehl und Kräutersalz in einer Schüssel mischen, mit Pfeffer abschmecken.

·–**3**–·
Kürbisstängelchen in der Milch wenden, in die Mehlschüssel geben und kräftig schütteln, damit die Stängelchen gleichmäßig mit dem Mehl überzogen werden.

·–**4**–·
Die Kürbis frites im heißen Öl in 3 bis 4 Portionen goldgelb backen. Auf Küchenpapier abtropfen lassen.

·–**5**–·
Kürbis frites in eine vorgewärmte Schüssel geben, Petersilie und Knoblauch darüberstreuen. Sofort servieren.

Zitronen-Kartoffeln

Beilage

500 g kleine festkochende Kartoffeln
1 kleiner Peperoncino, nach Belieben entkernt, in Ringen

Marinade

6 EL Olivenöl extra vergine
1 Bund glattblättrige Petersilie, Blättchen abgezupft und gehackt
1 große Zitrone, abgeriebene Schale und Saft
Meersalz
frisch gemahlener Pfeffer

·–1–·
Kartoffeln schälen und im Dampf weich garen.

·–2–·
Die Zutaten für die Marinade mischen, Karoffeln darin wenden, mit Salz und Pfeffer abschmecken, Peperonciniringe darüber verteilen.

Tipp
Auch Kinder mögen diese Kartoffeln, aber ohne Peperoncini.

Abbildung

Maiscrèmesuppe

Vorspeise

3 EL Olivenöl extra vergine
1 mittelgroße Zwiebel, fein gewürfelt
4 Zuckermaiskolben (600 g Maiskörner) oder 600 g Maiskörner aus dem Glas
1 Msp Curry
2 dl/200 ml Weißwein
1 l Gemüsebrühe
frischer oder getrockneter Thymian
frisch gemahlener Pfeffer

4 EL Crème fraîche
fein geschnittener Schnittlauch

·–1–·
Die Hüllblätter bei den Maiskolben entfernen, die Maiskörner mit einem scharfen Messer von den Kolben schneiden.

·–2–·
Zwiebeln und Maiskörner im Olivenöl andünsten, Curry, Weißwein, Gemüsebrühe und Kräuter zugeben, aufkochen, Suppe bei schwacher Hitze etwa 10 Minuten köcheln lassen, bis die Maiskörner weich sind. Maissuppe pürieren und durch ein Sieb streichen.

·–3–·
Maiscrèmesuppe aufkochen, mit Pfeffer abschmecken. Anrichten. Mit Crème fraîche und Schnittlauch garnieren.

Herbstlicher Salat mit Früchten

Vorspeise

200 g Rotkabis / -kohl
200 g Knollensellerie
1 säuerlicher Apfel
1 Orange
50 g Baumnuss- / Walnusskerne

Sauce

1 Zitrone, Saft
3 EL Olivenöl extra vergine
2 EL Baumnuss- / Walnussöl
Meersalz
2 EL gehackte Petersilie

·– 1 –·

Die Sauce zubereiten, die Kräuter unterrühren.

·– 2 –·

Beim Rotkabis den Strunk keilförmig herausschneiden, den Kabis zur Sauce hobeln. Den Sellerie schälen und zur Sauce hobeln, mischen. Apfel schälen, vierteln und entkernen, in feine Spalten schneiden, unter den Salat mischen.

·– 3 –·

Salat in Portionenschalen anrichten. Orange großzügig schälen, Fruchtfilets aus den Trennhäutchen schneiden und entkernen, mit den Nüssen als Garnitur verwenden.

Abbildung

Kürbis-Kartoffel-Rösti

für 2 Personen als Mahlzeit

200 g geschälter, entkernter Kürbis, mehlige Sorte
300 g mehligkochende Kartoffeln
100 g Lauch
Meersalz
frisch gemahlener Pfeffer

4 EL Olivenöl extra vergine

Zwiebel- oder Rettichsprossen für die Garnitur

·– 1 –·

Kürbis auf der Röstiraffel reiben. Kartoffeln schälen und ebenfalls auf der Röstiraffel reiben. Grobfasrige Hüllblätter beim Lauch entfernen, Stangen längs halbieren, quer in Streifen schneiden. Alle Zutaten vermengen, würzen.

·– 2 –·

In einer schweren Bratpfanne, ideal ist eine Gusseisenpfanne, die Hälfte des Olivenöls erhitzen. Kartoffel-Kürbis-Masse zugeben, unter Rühren locker anbraten, dann einen Kuchen formen und diesen bei schwacher Hitze etwa 8 Minuten braten. Die Rösti auf eine Platte oder einen Teller stürzen. Restliches Olivenöl in die Pfanne geben. Röstikuchen wieder in die Bratpfanne gleiten lassen, weitere 8 Minuten braten. Die Sprossen darüberstreuen.

Tipp

Mit einem gemischten Salat servieren.

Sesamkartoffeln mit Frischkäse

Mahlzeit

800 g Frühkartoffeln
4 EL geschälte (weiße) Sesamsamen
Kräutermeersalz
Olivenöl

Käsesauce

100 g Frischkäse, Ziegenfrischkäse oder Gervais oder Quark
1 kleine, reife Avocado
1 EL Zitronensaft
1 EL Olivenöl extra vergine
1 Bund Schnittlauch, fein geschnitten
2 EL fein gehackte Petersilie
frisch gemahlener Pfeffer

·–1–·

Kartoffeln ungeschält längs halbieren, Schale ein paar Mal schräg einschneiden, Schnittfläche in die Sesamsamen drücken. Kartoffelhälften mit der Schnittfläche nach unten auf ein mit Kräutersalz bestreutes und mit Backpapier belegtes Backblech legen. Mit Olivenöl bepinseln.

·–2–·

Kartoffeln im vorgeheizten Ofen bei 220 °C 20 bis 25 Minuten backen, je nach Größe der Kartoffeln.

·–3–·

Für die Sauce den Frischkäse mit einer Gabel zerdrücken. Avocado halbieren und entsteinen, das Fruchtfleisch aus der Schale lösen und mit einer Gabel zerdrücken. Alle Zutaten vermengen, mit Pfeffer abschmecken.

Tipp

Mit einem bunten Salat servieren.

Zucchini alla Parmigiana

Mahlzeit

2 EL Olivenöl extra vergine
800 g Zucchini
100 g geriebener Parmesan oder Pecorino

Tomatensauce
1 kg Fleischtomaten oder 800 g Pelati aus dem Glas / der Dose
4 Knoblauchzehen, klein gewürfelt
1 Bund Basilikum
frischer Thymian oder Provencekräuter
Kräutermeersalz
frisch gemahlener Pfeffer

·–1–·
Frische Tomaten mit dem Sparschäler schälen, den Stielansatz ausstechen, Tomaten zerkleinern. Bei den Pelati den Stielansatz abschneiden und die Tomaten mit einer Gabel zerdrücken. Tomaten und Knoblauch unter häufigem Rühren weich garen, 5 bis 7 Minuten. Die Kräuter fein schneiden oder fein hacken und unterrühren. Mit Kräutersalz und Pfeffer würzen.

·–2–·
Zucchini beidseitig kappen, in etwa 5 mm dicke Scheiben schneiden. Zucchini in einer beschichteten Bratpfanne im Olivenöl braten, würzen.

·–3–·
Backofen auf 180 °C vorheizen.

·–4–·
Den Boden einer Gratinform mit Tomatensauce bedecken. Darauf eine Lage Zucchinischeiben legen, mit Tomatensauce bedecken, mit einer Lage Zucchini abschließen. Mit Käse bestreuen.

·–5–·
Den Zucchinigratin im vorgeheizten Ofen bei 180 °C etwa 25 Minuten backen.

Tipp
Mit Reis oder Nudeln oder im Dampf gegarten Kartoffeln servieren.

Fleisch

Kraft für Taten

·– Bio-Metzger aus Betroffenheit –·

Ernst Stettler sieht nicht wie ein Metzger aus. Eher wie ein Philosoph. Dazu passt, dass in seinem Räucherofen die Weihnachtsbäume der Kleinstadt den Rauch für all die aromatischen Wurstwaren liefern. Vernetztes Denken von A bis Z. Bio-Pioniere sind Philosophen mit Herz, bei denen die Einsichten nicht Theorie bleiben, sondern in die Tat umgesetzt werden. Ernst Stettler ist ein solcher. In seinem Kopf arbeitet es unablässig; aktuell studiert er an einem Marketing herum, welches mehr Konsumenten dazu bringen würde, nur noch Bio-Fleisch zu essen. Nichts ist ihm mehr zuwider, als nur für eine exklusive, gut verdienende Schicht qualitativ hochwertiges Fleisch auf den Markt zu bringen, während die Massen sich mit Fleisch eindecken, das jeden Gang zur Apotheke überflüssig, schließlich aber dennoch krank und traurig macht. Und zwar Menschen und Tiere. Solange das so bleibt, wird er nie ganz zur Ruhe kommen.

Aktionstafeln – das ultimativ beste Cordon bleu, das man nicht verpassen sollte, Würste im Schaufenster, drinnen ein großes Angebot an Frischfleisch, noch mehr Würste... Nichts verrät von außen, dass wir uns hier in der ersten Bio-Metzgerei der Schweiz befinden.

Die Familie Stettler führt seit rund 65 Jahren eine Metzgerei; als Sohn Ernst nach der Handelsschule eine Metzgerlehre begann, wusste er noch nicht, dass dies seinem Leben einen entscheidenden Impuls geben würde. Die Auseinandersetzung mit seinem Lehrmeister im Zürcher Oberland infizierte ihn mit Fragen, die ihn nach der Lehre den Entschluss fassen ließen, sich für Fleisch aus artgerechter Tierhaltung einzusetzen. Auch dem Missbrauch von Medikamenten sollte ein Riegel geschoben werden. Er verwandelte die elterliche Metzgerei in einen Biobetrieb, in dem alles, was das fleischbegehrende Herz wünschte, zu finden sein sollte.

·– Gewusst wie – aus zäh wird zart –·

Immer wieder muss er Konsumenten aufklären darüber, dass das eine oder andere Bio-Fleischstück von der Köchin eine etwas bewusstere Behandlung verlangt. Logisch. Es stammt oft von einem Tier, das ein längeres und erlebnisreiches Leben hinter sich hat. Es bekam die Zeit, eine Lebensgeschichte zu haben! Nun braucht es oft im Kochtopf etwas länger, bis es dann genauso zart ist wie ein Stück Kalbfleisch, aber mit einem Aroma, von dem junges Fleisch nur träumen kann. Ein weiterer Faktor für gutes Fleisch, das seinen Saft behält und in der Pfanne nicht auf die Hälfte schrumpft, ist eine fachgerechte Behandlung durch den Metzger. Jeder Bauer kann ein geschlachtetes Tier in Stücke hauen und direkt verkaufen. Ernst Stettler weiß, dass dabei bereits eine große Qualitätseinbuße in Kauf genommen wird, was nicht sein müsste. «Wir sind den Tieren schuldig, dass ihr Fleisch bestmöglich auf den Teller kommt. Dafür ist richtiges Abhängen und eine gekonnte Fleischpflege notwendig. Und der Koch muss wissen, wie er ein gutes Bio-Fleisch am besten zubereitet. Jeder Schritt verlangt ein bestimmtes Know-how. So wird dem Tier der verdiente Respekt erwiesen.»

Ernst Stettlers Arbeit beginnt mit der Zusammenarbeit mit den Bauern der Umgebung. Er hat sie in ihrer Pionierphase für artgerechte Tierhaltung und biologische Fütterung begeistert und ihnen dafür die Abnahme ihrer Tiere garantiert. Heute kooperiert er mit verschiedenen Bio-Bauern, deren Höfe er bestens kennt. So weiß er immer, woher das Fleisch kommt, das er seinen Kunden in der Kleinstadt und landesweit verkauft.

·– Mehr Seelenruhe für Bauer und Kuh –·

Einer der Bauern ist Karl Schenk. Da, wo Fuchs und Hase sich Gute Nacht sagen, liegt der Hof, den er zusammen mit seiner Frau Ingrid und zwei Mitarbeitern bewirtschaftet. Ein Hof, wie er im Bilderbuch steht. Zwischen dem dreihundertjährigen Wohnhaus, dem Stall und den übrigen Ökonomiegebäuden liegt ein schön angelegter Garten mit Wiese und altem Baumbestand; mittendurch fließt ein kleiner, munterer Bach, und überall stößt man auf lauschige Plätzchen – da ein Tisch mit zwei Stühlen, dort eine Zweier-Schaukel mit Rückenlehne und gemütlichem Polster … Die Frage, ob diese überhaupt je benutzt werde oder ob das Fotoshooting nur Show sei, kommt die Antwort ohne Zögern: Ja, hier wird oft gesessen, geruht, gesinnt, gemeinsame Zeit verbracht. Wer Tiere artgerecht hält und gute Lebensmittel produziert, muss auch zu sich selber gut sein. Sonst geht das alles nicht auf!

Und wer mit den Tieren gut sein will, braucht Zeit, um in der Beobachtung ihr Verhalten und ihre Bedürfnisse kennenzulernen. Diese haben sich im Laufe der Entwicklungsgeschichte der Kuh als optimale Lebensweise herauskristallisiert. Bei den Kühen heißt das, dass sie als einziges Futter Gras bekommen. Nahrungsergänzungen in Form von Kraftfutter sind tabu. Zudem sollen sie Tag und Nacht hinausgehen oder sich an einem geschützten Platz unter einem Baum oder im Stall zur Ruhe legen können. Denn weder allzu große Hitze noch zu viel Nässe mögen sie. Selbstverständlich fressen sie Gras von einer Bio-Wiese. Auf dieser wird im Winter einmal Jauche ausgefahren. Nicht mehr und nicht weniger.

·– Treu und freiheitsliebend –·

Mit in die Ferne schweifendem ruhigem Blick erzählt Karl Schenk von seinen Tieren. Die Kühe lieben große Weiden, einen weiten, ungebrochenen Horizont. Und sie lieben es, zügig bis ans Ende der Weide zu gehen, um dann von da gemächlich fressend den Rückweg anzutreten.

Der Stier lebt mitten in der Kuhherde. Ob das nicht gefährlich werden könne – zum Beispiel für Fotografen und Journalisten? Karl Schenk lacht. «Gefährlich wird er nur, wenn er von seinen Kühen getrennt wird! Das würde mir genauso gehen …»

Im Frühsommer wird die Kuh vom Stier geschwängert; sie nimmt auf. Im folgenden Frühjahr wird das Kalb geboren. Dann, wenn die Wiesen im saftigsten Grün stehen und die Kuh viel Milch geben kann. Denn den Winter über bekommt sie bei Schenks nur etwas Heu im Stall – kein Silofutter. Dafür gibt sie dann auch ganz wenig Milch. Die Kälber bekommen nichts anderes zu trinken als Kuhmilch. Ohne Mastfutter kein übertrieben schnelles Wachstum. Die männlichen Tiere werden etwa einjährig geschlachtet; sie kommen als Bio-Rindfleisch auf den Markt. Weibliche Kälber werden hier zu Mutterkühen herangezogen. Nach etwa acht bis zehn Jahren ist dann der Metzger auch ihr Schicksal. Das Fleisch einer älteren Kuh braucht viel mehr Kochzeit als das eines jungen Tieres. Wer diese Geduld aufbringt, bekommt ein äußerst aromatisches, zartes Stück Fleisch auf den Teller.

·– Rindssteak nur gegen Rezept? –·

Ein großes Thema sind die Krankheiten und das Verabreichen von Medikamenten. Die Bio-Richtlinien sind eindeutig: Außer in ganz wenigen Ausnahmefällen dürfen keine Antibiotika gegeben werden. Aber auf einem Bio-Betrieb darf eine Kuh sich die Zeit lassen, die es braucht, bis eine Krankheit ausgeheilt ist. Etwas Erfahrung und Fingerspitzengefühl braucht es dazu schon, denn man muss erkennen, wenn Zeit allein nicht heilt. Und es braucht eine Kuhrasse, die nicht durch einseitige Züchtung extrem krankheitsanfällig geworden ist. Karl Schenks Simmentaler Kühe sind von Natur aus robust. Dafür geben sie auch nicht Schwindel erregende Milchmengen. Im Frühjahr spielte sich eine eindrückliche Geschichte im Stall von Karl Schenk ab. Nach der Geburt des Kälbchens stand eine Kuh einfach nicht mehr auf. Sie säugte ihr Kalb nicht, die Milch begann auszubleiben, das Euter trocknete ein. Andernorts hätte man sie gleich zum Metzger gebracht. Sie blieb wochenlang liegen, magerte drastisch ab. Irgendeinmal stand sie wieder auf, begann zu fressen – und gab kurze Zeit später schon wieder zwölf Liter Milch.

Eines ist sicher: Für ein Plätzli, das aus Schenks Kuhherde kommt, braucht man kein Rezept vom Arzt – es wird nicht voller Antibiotika und Hormone sein. Aber vielleicht macht es den einen oder anderen Arztbesuch überflüssig? Einfach deshalb, weil es die Erinnerung an weite Weiden und friedliche Stimmungen in sich trägt?

Die Sonne steht nun schon recht hoch. Karl Schenk muss zu den Frauen in die Erdbeerfelder, Fragen klären, Aufgaben verteilen. Ein Biohof ist eine Gesamtheit von Mensch, Tier und Pflanze – Monokulturen widersprechen dem Bio-Gedanken zutiefst. Glückliche Bauern, glückliche Kühe, glückliche Erdbeeren. – Ob es auch dafür ein Zertifikat geben sollte?

Lammkoteletts in der Honig-Nuss-Kruste

Mahlzeit

12 Lammkoteletts
100 g mittelfein gehackte Baumnuss-/Walnusskerne oder Haselnüsse oder halb/halb
frische Kräuter wie Rosmarin, Thymian, Majoran, wenig Salbei, grob gehackt
2 EL Wald- oder Kastanienhonig
2 EL Olivenöl extra vergine
Kräutermeersalz

reifer Balsamico zum Beträufeln
Olivenöl extra vergine zum Braten

Kürbisgemüse

2 EL Olivenöl extra vergine
500 g geschälter Kürbis, z. B. Butternut (fester, süßlicher Kürbis), gewürfelt
2–3 EL Wald- oder Kastanienhonig
1 Rosmarinzweig, Nadeln abgestreift und gehackt, oder 1 EL Thymianblättchen
wenig Gemüsebrühe oder Wasser
Meersalz

Salbei und Rosmarin für die Garnitur

·–1–·

Für die Fleischkruste Nüsse, Kräuter, Honig und Olivenöl verrühren, mit Kräutersalz abschmecken.

·–2–·

Für das Kürbisgemüse die Kürbiswürfelchen im Olivenöl andünsten, Honig darüberträufeln, unter Rühren leicht karamellisieren. Rosmarinnadeln zufügen, wenig Gemüsebrühe zugeben, Kürbis bei schwacher Hitze weich garen. Mit Salz abschmecken.

·–3–·

Lammkoteletts in die Nussmasse «einpacken» und diese gut andrücken. Koteletts in einer Bratpfanne in wenig Olivenöl bei mittlerer Hitze beidseitig braten, auf jeder Seite 2 bis 4 Minuten. Mit Balsamico beträufeln.

·–4–·

Kürbisgemüse und Koteletts anrichten, mit den Kräutern garnieren.

Variante

Kürbis durch Brokkoli oder Romanesco ersetzen.

Lammfilet auf karamellisierten Orangen

Mahlzeit

600–800 g Lammfilets
Kräutermeersalz
frisch gemahlener Pfeffer
Thymian, Blättchen abgezupft
3–4 EL Olivenöl extra vergine

3–4 schöne Orangen
ca. 2 EL Wald- oder Kastanienhonig
1 EL reifer Balsamico

·–1–·
Lammfilets in 3 bis 4 Stücke schneiden, mit Kräutersalz, Pfeffer und Thymianblättchen bestreuen. Das Fleisch im Olivenöl rundum kurz braten. Warm stellen.

·–2–·
Die Orangen oben und unten kappen, die Früchte in dicke Scheiben schneiden. In einer Bratpfanne mit Honig und Balsamico beidseitig leicht karamellisieren.

·–3–·
Lammfilet auf den karamellisierten Orangen anrichten.

Tipp
Dazu passen Nudeln oder Gnocchi.

Abbildung

Lammragout mit Mango

Mahlzeit

3 EL Olivenöl extra vergine
800 g Lammschenkel/-keule, ohne Knochen
Salz
frisch gemahlener Pfeffer
150 g Zwiebeln, in Streifen
2 grüne Peperoni/Gemüsepaprika
1 roter Peperoncino, entkernt, gehackt
1½ dl/150 ml Rotwein
2 dl/200 ml Fleisch- oder Gemüsebrühe
1 EL gehackte Rosmarinnadeln
1 Flugmango (im Herkunftsland gereifte Frucht), ca. 350 g
80 g Crème fraîche
1 TL Maisstärke

·–1–·
Lammfleisch in 3 cm große Würfel schneiden. Peperoni halbieren, Stielansatz und Kerne entfernen, Schotenhälften in 3 cm große Quadrate schneiden. Mango schälen, das Fruchtfleisch vom Stein schneiden und würfeln.

·–2–·
Das Lammfleisch im heißen Öl kräftig anbraten, mit Salz und Pfeffer würzen, herausnehmen. Zwiebeln und Peperoni in der Fleischpfanne unter häufigem Rühren 10 Minuten dünsten, mit Peperoncini und Salz würzen, mit dem Rotwein ablöschen, 3 Minuten köcheln lassen, Fleischbrühe und Lammfleisch zugeben und bei mittlerer Hitze 15 Minuten schmoren. Rosmarin, Mangos und Crème fraîche unterrühren, Sauce je nach Konsistenz mit angerührter Maisstärke binden.

Tipp
Mit Jasminreis oder frischer Baguette servieren.

Kastanien-Bohnen-Eintopf mit Rindfleisch

Mahlzeit

2 EL Olivenöl extra vergine
400 g Ragout vom Rind
1–2 mittelgroße Zwiebeln
120 g getrocknete weiße Bohnen
120 g getrocknete Kastanien
1 Lorbeerblatt
2–3 EL Tomatenpüree
1½–2 dl / 150–200 ml Rotwein
ca. ½ l Gemüsebrühe
200 g Stangenbohnen
400 g eher mehliges Kürbisfleisch, z. B. Potimarron / Oranger Knirps
Kräutermeersalz
frisch gemahlener Pfeffer
gehackte Petersilie

Olivenöl extra vergine zum Beträufeln

·–1–·

Weiße Bohnen und getrocknete Kastanien über Nacht getrennt im Wasser einweichen. Das Bohnenwasser weggießen, Bohnen mit frischem Wasser aufsetzen, bei mittlerer Hitze etwa 10 Minuten zugedeckt kochen, in ein Sieb abgießen. Das Einweichwasser der Kastanien weggießen, die braunen Häutchen und die braunen Stellen mit einem spitzen Messer entfernen.

·–2–·

Zwiebeln schälen und achteln. Stielansatz der Bohnen abschneiden, gleichzeitig zähen Faden abziehen, Bohnen eventuell halbieren. Kürbis in Würfel schneiden.

·–3–·

Rindfleischragout im Olivenöl anbraten, Zwiebeln, weiße Bohnen, Kastanien, Lorbeerblatt und Tomatenpüree zugeben, Rotwein angießen und einkochen lassen, Gemüsebrühe zugeben, Eintopf bei schwacher Hitze kochen, bis die Bohnen und die Kastanien weich sind. Grüne Bohnen 25 Minuten, Kürbiswürfel 10 Minuten mitkochen. Mit Kräutersalz und Pfeffer abschmecken. Petersilie unterrühren. Anrichten. Mit Olivenöl beträufeln.

Fleischbällchen

Mahlzeit

500 g Hackfleisch vom Rind
2 Eier
50 g geriebener Sbrinz
50 g Panier- oder Dinkelmehl
1 unbehandelte Zitrone, abgeriebene Schale und Saft von 1/2 Frucht
6 EL gehackte Petersilie
Salz
frisch gemahlener Pfeffer
wenig Mehl zum Wenden der Bällchen
Olivenöl extra vergine zum Braten
2 Gläser Weißwein
Lorbeerblätter

2 Zitronen für die Garnitur

·–1–·
Hackfleisch, Eier, Käse, Paniermehl, Zitronenschale und Petersilie gut vermengen, mit Salz und Pfeffer abschmecken. Bällchen von 2 1/2 bis 3 cm Durchmesser formen, im Mehl wenden.

·–2–·
Die Fleischbällchen in einer Bratpfanne im Olivenöl langsam braten, etwa 10 Minuten, mit dem Weißwein ablöschen, Lorbeer zugeben, Flüssigkeit bei schwacher Hitze einkochen lassen, mit Zitronensaft abschmecken.

·–3–·
Für die Garnitur die Zitronen beidseitig kappen, längs vierteln und quer halbieren.

Tipps
Das Rindfleisch kann durch Lammfleisch ersetzt werden. Anstelle von Paniermehl selbst hergestellte Brotbrösel verwenden. Die Fleischmasse wird dadurch viel feiner. Brotbrösel: beliebiges Brot entrinden und tiefkühlen. Das gefrorene Brot auf der Bircherreibe zum Fleisch reiben. Man kann für den Vorrat das geriebene gefrorene Brot gleich wieder einfrieren. Stets gefroren verwenden.

Kürbiscurry mit Rindfleisch

Mahlzeit

2 EL Olivenöl extra vergine
1 mittelgroße Zwiebel, fein gewürfelt
2 Knoblauchzehen, fein gewürfelt
2 grüne Peperoni / Gemüsepaprika
1 kg Kürbisfleisch, z. B. Muscade de Provence, Butternut, Acorn
1 EL milder Curry
1 EL abgezupfte Thymianblättchen
ca. 4 dl / 400 ml Gemüsebrühe

1 EL Olivenöl extra vergine
500 g Rindfleisch zum Schnellbraten
Meersalz
frisch gemahlener Pfeffer
1 Msp Curry

·–1–·
Kürbis entkernen, schälen und würfeln. Peperoni längs halbieren, Stielansatz und Kerne entfernen, Schotenhälften in kleine Rechtecke schneiden.

·–2–·
Zwiebeln und Knoblauch im Olivenöl andünsten, Peperoni zufügen und mitdünsten, Kürbis nur kurz mitdünsten, Curry und Thymian unterrühren, Gemüsebrühe zugeben, bei schwacher Hitze köcheln lassen, bis der Kürbis weich ist. Nicht zu oft rühren, sonst zerfällt der Kürbis.

·–3–·
Rindfleischwürfel im heißen Öl braten, würzen, unter das Gemüse mischen.

Abbildung

Zitronenpoulet

Mahlzeit

1 großes Poulet
2 EL Olivenöl extra vergine
1 Glas Weißwein

Marinade
1 unbehandelte Zitrone, abgeriebene Schale und Saft
1 Glas Weißwein, ca. 1,2 dl / 120 ml
2 TL grob gemahlener Pfeffer
2 TL grobes Meersalz
2 Gewürznelken
4 frische Lorbeerblätter
½ Peperoncino, entkernt, in Ringen

·–1–·
Poulet längs halbieren, die beiden Hälften in je 4 Stücke teilen (eventuell vom Metzger portionieren lassen). Die Pouletteile nebeneinander in eine flache Schüssel legen. Die Marinade darüber verteilen. Über Nacht im Kühlschrank zugedeckt marinieren lassen.

·–2–·
Die Pouletteile gut abtropfen lassen. In einem Brattopf im heißen Olivenöl rundum kräftig anbraten. Marinade und Weißwein zugeben, Fleisch bei schwacher Hitze zugedeckt 45 bis 60 Minuten schmoren lassen.

Pouletbrüstchen mit Oliven und Pinienkernen

Mahlzeit

5 EL Olivenpaste (Reformhaus)
1 TL Thymianblättchen
4 Poulet-/Hähnchenbrüstchen, je 150 g
3 EL Olivenöl extra vergine
1 Eiweiß
4 EL Pinienkerne

·–**1**–·
Backofen auf 220 °C vorheizen.

·–**2**–·
Olivenpaste und Thymian verrühren.

·–**3**–·
Pouletbrüstchen aufschneiden, die Hälfte der Olivenpaste in die Taschen streichen, Fleisch in einer Bratpfanne im Olivenöl beidseitig anbraten. Restliche Olivenpaste auf die Brüstchen verteilen (nur auf einer Seite). Die Pinienkerne zum leicht verquirlten Eiweiß geben, auf die Olivenpaste verteilen.

·–**4**–·
Die Pouletbrüstchen im vorgeheizten Ofen bei 220 °C 12 Minuten backen.

Tipp
Mit Reis oder im Dampf gegarten Kartoffeln oder Nudeln und Lauch servieren.

Hülsenfrüchte und Tofu

Bohne mit Zukunft

·– Kulinarische Revolution –·

Tofu? Weiß und ohne Aroma, ein Käse, der diese Bezeichnung nicht verdient? – Wer Tofu noch immer mit solchen Vorurteilen abserviert, ist eindeutig nicht auf der Höhe der Zeit. Oder kennt die Produkte der innovativen kleinen Tofurei Noppa nicht. Sie ist ein Trendsetter im Bereich neuer Lebensmittel auf Basis von hochwertigem Soja.

Ins Reich des Tofu kommt man nur mit Haarnetz, Finken über den Straßenschuhen und nach einer gründlichen Desinfektion der Hände. Wir sind in einem Betrieb, in dem die Dimension der Zukunft eine zentrale Rolle spielt. Das aus einem Einmannbetrieb entstandene Unternehmen wächst und wird noch mehr wachsen. Denn die innovativen Köstlichkeiten, die hier produziert werden, entstehen aus einer Bohne, der die Zukunft gehört, und sie sind so überraschend gut, dass das Wunder der Bekehrung eines überzeugten Tofu-Verächters grad vor Ort miterlebt werden konnte. So wächst der Markt. Ganz einfach.

Jörg und Noppa Helbling haben sich mit Haut und Haar (unter der Netzchenhaube!) ganz dem Verwandlungskünstler Tofu verschrieben. Dafür musste der Schweizer Filmemacher erst nach Asien reisen, um dort durch die Kochkünste und den Charme der chinesischen Marketingfrau ganz aus der Bahn und in ein neues Abenteuer geworfen zu werden. Er tauschte die Filmkamera gegen eine beeindruckende Tofumaschine ein und begann, die Welt von der Bohne aus zu verändern. Wer nun genau wessen Assistent ist und wer der Chef, war auch nach Abstreifen von Haube und sterilen Finkchen nicht ganz klar. Aber eigentlich auch völlig nebensächlich – denn Hauptsache, was sie machen, ist gut. Überragend gut.

demeter

·– Gehaltvoller ökologischer Überflieger –·

Tofuschnitzel, Tofubällchen mit Sesam, Tofuterrine, Tofulino, Tofuwraps mit Tamarinde, Tofukugel all'Italiana, Tofu geräuchert, pur oder… Das Angebot ist groß, die geschmacklichen Erlebnisse 1A. In Noppas Kopf werden ständig neue Kreationen geboren, die von der thailändischen, indischen oder chinesischen Küche inspiriert sind. Es sind leichte Produkte mit hohem Protein-, Vitamin- und Mineraliengehalt, mit möglichst wenig Fett, frei von Cholesterin und chemischen Zusatzstoffen. Damit zielt man auf eine Kundschaft, welche trotz beschränkter Zeit nicht auf natürliches und genussvolles Essen verzichten will. Der Erfolg gibt ihnen recht. Und Jürg Helbling scheint ebenfalls recht zu haben mit seiner Aussage: «Tofu ist das Nahrungsmittel der Zukunft. Die Umweltsituation und das Bevölkerungswachstum lassen meiner Meinung nach etwas anderes gar nicht mehr zu.» Die Argumente? Sojabohnen brauchen keinen Dünger, denn Hülsenfrüchte erzeugen bekanntlich selber Stickstoff und versorgen damit den Boden, auf dem sie wachsen. Sie erzeugen für dieselbe Menge tierisches Eiweiß x-mal weniger der Treibhausgase Methan und CO_2 und brauchen 300-mal weniger Wasser. Das Eiweiß von Tofu ist ernährungsphysiologisch gesehen optimal und kann vom Körper sehr gut aufgenommen werden. Tofu hat auch nicht mehr die treibende Wirkung, welche Hülsenfrüchte auf viele Menschen haben. Durch die Entfernung der Faserstoffe werden alle gärenden und blähenden Bestandteile eliminiert. Für wasserarme Gegenden ist die Sojabohne eine ideale Eiweißquelle, da sie wenig Wasser und keinen Dünger braucht und voll und ganz verwertet werden kann. Die übrig bleibenden Stauden werden als Tierfutter sehr geschätzt. «Tofu wird die Kuh ersetzen», sagt Jürg Helbling begeistert. Auf das Argument, dass wir unsere Kultur den Kühen verdanken, wird er nachdenklich und meint sinnend: «Die Art der Tierhaltung und das Maß der Nutzung ist entscheidend. Es wird zu viel Fleisch konsumiert – wir sind im Übrigen keine Vegetarier, sondern betrachten die neue Tofulinie als Ergänzung zur traditionellen Ernährungsweise. Aber in Zukunft werden wir mit den Tieren zusammenleben – und uns von Pflanzen ernähren.»

·– Einheimische Anbauversuche –·

Helblings beziehen ihre Sojabohnen vermehrt aus Schweizer Anbau. Zwar musste bei der Herstellung etwas getüftelt und gepröbelt werden, bis die gewünschte Tofuqualität erreicht war, doch nun ist man überglücklich, auch in diesem Bereich eine ökologisch vertretbare Variante gefunden zu haben, die rundum begeistert. Noch immer wird aber ein Teil der Bohnen von brasilianischen Kleinbauern bezogen, welche sehr unter Druck stehen und auf einen fairen Partner angewiesen sind. Die innovative Firma produziert zudem als einzige Demeter-Tofu. Durch die Leidenschaft und Herzenswärme der beiden wird die Kälte, die der Sojabohne von Rudolf Steiner nachgesagt wurde, längstens wettgemacht!

·– Die Bekehrung der Skeptiker –·

Information ist ein wichtiger Bestandteil ihres Engagements. Hier kommen Filmer und Marketingfrau wieder zum Zug. So werden Vorträge mit Degustation bei Verantwortlichen in Gastrokreisen und Firmen gehalten. Die erstaunten und begeisterten Reaktionen bestätigen sie in ihrem Glauben an die Zukunft des Kreativ-Tofus. – Statt für feinsinnige Filme arbeitet Jürg Helbling nun begeistert für eine Zukunfts-Kultur in der Küche. Und geht mit dem Tofu so sorgfältig um, wie er dies in der Filmarbeit mit Menschen tat: Die weißen Tofublöcke, die unter Beigabe von Nigari geronnenen festen Eiweißanteile der Sojamilch, werden Stück für Stück langsam und unter sanftem Druck gepresst. Dies ergibt einen besonders feinen, verträglichen und in der Konsistenz optimalen Tofu. An diesem Vorgehen werde man nie etwas ändern, wie sehr auch immer das Unternehmen wachsen werde. Dass es dereinst auf Platz eins in der Tofuproduktion stehen möchte, gibt Helbling mit verschmitztem Lächeln zu. Man ist auf gutem Weg: Aus dem Kleinstbetrieb wurde dank dem Engagement eines Investors eine blühende Firma mit sechs Mitarbeitern. Mittlerweile beliefert man ein dichtes Netz von Bio-Fachgeschäften bis hin zu hochklassigen Delikatessabteilungen. Den größten Zuwachs erreichte sie jedoch im Gastromarkt, dort kann sie auf eine renommierte Kundschaft im vegetarischen Bereich zählen.

·– Asiatische Tradition – individuelle Innovation –·

Kulinarisch ist Noppa Helbling-Paiharvitchitnut tonangebend. Sie stammt aus einer chinesisch-thailändischen Koch-Dynastie. Bereits als achtjähriges Mädchen, als die Familie von China nach Thailand kam, musste Noppa für die Familie kochen – denn die Schulen in Thailand waren teuer, und Kinder werden in der chinesischen Kultur noch immer in die Arbeitsabläufe eingespannt. Die Großmutter führte sie in die Kochkünste ein. Noppas Sensorik ist so ausgeprägt, dass sie ein Gericht in Sekundenschnelle analysieren und nachkochen kann – mit kreativen Veränderungen selbstverständlich, an denen sie dann oft hingebungsvoll dranbleibt, bis das Resultat stimmt. Wer davon kosten durfte, weiß, dass man darüber nicht schreiben kann…

Hülsenfrüchte

Hülsenfrüchte haben einen hohen Gehalt an bioaktiven Substanzen und Faserstoffen. Sie sind reich an pflanzlichem Eiweiß, welches in Kombination mit Getreide, Kartoffeln und auch Nüssen eine hochwertige Eiweißkombination ergibt. Bemerkenswert ist auch die cholesterinsenkende Wirkung.

Die Sojabohne ist der Spezialfall unter den Hülsenfrüchten: Sie gibt dem Organismus eigentlich alles, was er braucht. Auch die Umwelt profitiert: Je Hektare liefern Sojabohnen am meisten hochwertiges Eiweiß; im Vergleich mit Fleisch ist der Ertrag 40-mal höher. Bei der Sojabohne ist die Gefahr von Genmanipulation groß. Auch wenn genmanipulierte Nahrungsmittel nicht zugelassen sind, garantieren erst die Knospe oder andere Gütesiegel, dass das Produkt auch wirklich «gentechfrei» ist.

HÜLSENFRÜCHTE

·– Bohnen –·
Azukibohne, Augenbohne, Borlottibohne, Feuerbohne, Kidneybohne / rote Bohne, Mungobohne, Limabohne, Sojabohne, Soissonbohne, schwarze / weiße Bohne

·– Erbsen –·
Gartenerbse (Grünerbse), Kichererbse, Gelberbse

·– Linsen –·
Belugalinse (schwarz), Champagner- und Trojalinse (hellbraun), Puylinse (grün), Rote Linse

Inhaltsstoffe

Hülsenfrüchte sind reich an Eiweiß, Kohlenhydraten, Ballaststoffen, Mineralstoffen und Vitaminen. Sie sind fettarm, mit Ausnahme der Sojabohne (Sojaöl), die zudem auch eine der besten Eiweißquellen ist.

Einweichen / Garen

Bei Hülsenfrüchten mit sehr langer Kochzeit (davon ausgenommen sind Linsen und Erbsen) empfiehlt sich das Einweichen für ein paar Stunden oder über Nacht. Wer mit der Verdauung Mühe hat, wechselt das Einweichwasser 2- bis 3-mal und nimmt zum Kochen frisches Wasser (erst am Schluss salzen); mit entblähenden Gewürzen wie Fenchelsamen, Kümmel- und Kreuzkümmelsamen, Koriander und Ingwer aromatisieren. Das Mitkochen einer Kombualge macht die Bohnen ebenfalls leichter verdaulich. Die ersten 20 Minuten ohne Deckel kochen, so können die Gase entweichen. Vor Ende der Garzeit einen Schuss Apfelessig oder Zitronensaft zugeben; die Säure bricht die schwer verdaulichen Eiweißverbindungen auf.

Mengenangaben

als Beilage: 100 g gekochte Hülsenfrüchte
als Hauptmahlzeit: 200 g gekochte Hülsenfüchte

Tofu

Tofu ist ein Sojaquark, der aus Sojamilch hergestellt wird. Durch die Zugabe von Nigari, einem natürlichen Magnesiumchlorid, flockt das Eiweiß aus und kann von der Molke getrennt werden. Der fertige Tofu wird gepresst und dann in Stücke geschnitten. Tofu besitzt zwar kaum Eigengeschmack, er kann aber die unterschiedlichsten Geschmacksnoten annehmen. Es gibt Tofu und Tofu: Der eine ist weich und zart, der andere trocken und zäh. Tofu der feineren Art stammt meistens aus kleineren Bio-Produktionsbetrieben, die höchste Qualitätsansprüche erfüllen.

Inhaltsstoffe

Der Tofu ist kalorienarm und leicht verdaulich. Im Vergleich mit Fleisch schneidet er gut ab: Er enthält mehr Eiweiß, und erst noch pflanzliches. Zudem ist er cholesterinfrei und basenüberschüssig und enthält wenig Fett (5% Sojaöl), davon einen hohen Anteil an ungesättigten Fettsäuren.

Zubereitung

Ideal zum Braten. Aus püriertem Tofu lassen sich Brotaufstriche und Füllungen, aber auch Eiscremes und andere Desserts zaubern.

Tofu-Kokosnuss-Bällchen

·–1–·

·–2–·

·–3–·

·–4–·

·–5–·

·–6–·

·–7–·

·–8–·

·–9–·

·–10–·

·–1–·

Den Tofu in Würfel schneiden und von Hand krümelig reiben (Bild 1), Kokosnussflocken und Mehl zugeben, vermengen (Bild 2), Sojasauce, Zwiebeln, Petersilie und Knoblauch zur Tofumasse geben, Zitronenschale dazureiben (Bild 3), vermengen (Bild 4) und würzen.

·–2–·

Die Tofumasse mit einem kleinen Eisportionierer portionieren (Bild 5), Bällchen formen und diese gut zusammendrücken (Bilder 6, 7).

·–3–·

Die Tofu-Kokosnuss-Bällchen im mäßig heißen Olivenöl frittieren (Bilder 8, 9), auf Küchenpapier abtropfen lassen (Bild 10).

Olivenöl

Es darf bis 180 °C erhitzt werden.

Scharfe Tomatensauce

Pelati aus dem Glas entstielen, Gemüsefrüchte zerkleinern. Tomaten, ein paar Peperonciniringe, 1 EL Olivenöl extra vergine und ein Sträußchen fein gehackte Petersilie ein paar Minuten kochen, mit Salz und Pfeffer abschmecken.

Mahlzeit

400 g Seidentofu
5 EL Kokosnussflocken
2–3 EL Vollkornmehl
2 EL Sojasauce
1 kleine Zwiebel,
fein gewürfelt
2 EL gehackte Petersilie
2–3 Knoblauchzehen,
durchgepresst
1 unbehandelte Zitrone
1 Prise Chilipulver
1 Prise Muskatnuss
Rosenpaprika
Meersalz
2–3 dl / 200–300 ml Olivenöl
zum Frittieren

Linsenburger

·–1–·

·–2–·

·–3–·

·–4–·

·–5–·

·–6–·

Mahlzeit

200 g grüne oder rote Linsen
4–6 dl / 400–600 ml Wasser
Gemüsebrühepulver
1 mittelgroße mehligkochende Kartoffel
1 mittelgroße Zwiebel, fein gewürfelt
1 Ei
1 Knoblauchzehe
1 unbehandelte Zitrone, wenig abgeriebene Schale
2 EL Vollkornbrotbrösel
2 EL Vollkornmehl
2 EL fein gehackte Kräuter, z. B. Minze, glattblättrige Petersilie, Rosmarin, Thymian
Meersalz
frisch gemahlener Pfeffer

Olivenöl extra vergine zum Braten

·–1–·
Linsen in einem Sieb mit kaltem Wasser überbrausen, mit kaltem Wasser (6 dl / 600 ml für grüne Linsen, 4 dl / 400 ml für rote Linsen) aufkochen, grüne Linsen bei schwacher Hitze etwa 35 Minuten, rote Linsen 5 bis 8 Minuten kochen, mit dem Gemüsebrühepulver würzen. Zugedeckt 15 bis 30 Minuten ausquellen lassen. Restliches Wasser abgießen.

·–2–·
Die Linsen in eine Schüssel geben und mit dem Kartoffelstampfer zerdrücken (Bild 1). Kartoffel schälen und auf der Bircherreibe zu den Linsen reiben (Bild 2). Die restlichen Zutaten zugeben, alles gut mischen, mit Salz und Pfeffer abschmecken (Bild 3).

·–3–·
Die Linsenmasse mit einem großen Eisportionierer portionieren (Bild 4) und Burger formen (Bild 5).

·–4–·
Linsenburger in einer beschichteten Bratpfanne im Olivenöl bei mittlerer Hitze langsam braten, insgesamt 8 Minuten (Bild 6).

Sauce
Die Linsenburger mit Crème fraîche, angereichert mit Schnittlauch, servieren.

Griechische Bohnensuppe

Mahlzeit

4 EL Olivenöl extra vergine
1 große Zwiebel
2 große Karotten
2 Lorbeerblätter
250 g Borlottibohnen
2–2,6 l Gemüsebrühe
600 g Fleischtomaten
frisch gemahlener Pfeffer
2 Bund gehackte glattblättrige Petersilie
Olivenöl extra vergine

·–1–·
Borlottibohnen über Nacht in reichlich Wasser einlegen, das Wasser anderntags weggießen.

·–2–·
Zwiebel schälen und fein würfeln. Karotte schälen, in 5 mm große Würfel schneiden. Tomaten mit dem Sparschäler schälen, Stielansatz ausstechen, die Gemüsefrüchte klein würfeln.

·–3–·
Zwiebeln und Karotten im Olivenöl andünsten, Lorbeerblätter und Borlottibohnen zugeben, mit Gemüsebrühe ablöschen, aufkochen, Suppe etwa 45 Minuten köcheln, bis die Bohnen weich sind. Tomatenwürfelchen zugeben, 10 Minuten köcheln. Mit Pfeffer und Olivenöl abschmecken, Petersilie darüberstreuen.

Bohnenpüree mit Rucola

Aperitif – Vorspeise

250 g gekochte weiße Bohnen
6 EL Olivenöl extra vergine
1 Sträußchen junger Rucola
2 Knoblauchzehen
1 Zitrone, Saft
Meersalz
frisch gemahlener Pfeffer
einige entsteinte schwarze Oliven, gehackt

Bohnen, Olivenöl, Rucola und Knoblauchzehen nicht zu fein pürieren, mit Zitronensaft, Salz und Pfeffer würzen. Oliven unterrühren.

Tipp
Das Bohnenpüree auf gerösteten Vollkornbrotscheiben servieren. Mit Kräutern garnieren. Oder zu Rohkoststäbchen als Dip servieren (dann das Püree feiner pürieren).

Variante
Weiße Bohnen durch Kichererbsen ersetzen.

Reis mit Shiitake und Tofu

Mahlzeit

4 EL Olivenöl extra vergine
300 g Shiitake
300 g Tofu
4 Knoblauchzehen
Meersalz, Sojasauce
2 rote Peperoncini
500 g gekochter Langkorn-Vollreis
200 g Sojasprossen
frische Kräuter

·–**1**–·
Shiitake in Streifen, Tofu in Würfel, entkernte Peperoncini in feine Ringe schneiden.

·–**2**–·
Shiitake, Tofu und durchgepressten Knoblauch in einer beschichteten Bratpfanne oder im Wok bei mittlerer Hitze rührbraten, mit Salz, Sojasauce und Peperoncini würzen. Sprossen und Reis zugeben, 2 Minuten rührbraten. Mit den klein gezupften Kräutern garnieren.

Kürbis-Kabis-Gemüse mit Kichererbsen

Mahlzeit

3–4 EL Olivenöl extra vergine
1 mittelgroße Zwiebel
1 Knoblauchzehe
1 roter Peperoncino
400 g fruchtiges Kürbisfleisch
300 g Weißkabis/-kohl
400 g Pfälzer Rüben oder Karotten
200 g gekochte Kichererbsen
1 dl/100 ml Gemüsebrühe
2 EL Sojasauce
wenig Zitronensaft
je 1 Prise Zimt- und Ingwerpulver
Meersalz

·–1–·

Zwiebel und Knoblauchzehe fein würfeln. Dem Peperoncino den Stielansatz abschneiden, die Schote entkernen und in Ringe schneiden oder längs aufschneiden, entkernen und in Streifchen schneiden. Kabis in feine Streifen schneiden. Pfälzer Rüben schälen und in Stäbchen schneiden.

·–2–·

Zwiebeln, Knoblauch, Peperoncini, Kürbis, Kabis und Pfälzer Rüben im Wok oder in einer weiten Bratpfanne im Öl bei mittlerer Hitze ein paar Minuten rührbraten. Kichererbsen, Gemüsebrühe und Sojasauce zugeben, ein paar Minuten köcheln lassen. Abschmecken mit Zitronensaft, Zimt, Ingwer und Salz.

Reisnudeln mit Tofu

Mahlzeit

1 große rote Chilischote
2 Schalotten
8 schwarze Pfefferkörner
1/2 TL Meersalz
6 EL Kokosnusscreme
3 EL Gemüsebrühe oder Wasser
1 TL Zucker
1/2 TL Chilipulver
2 EL helle pikante Sojasauce
150 g dünne Reisnudeln (Sen mee)
150 g Tofu
Frittieröl

100 g Sojasprossen
1 Frühlingszwiebel, fein gewürfelt
Koriander für die Garnitur

·–1–·
Die Reisnudeln 20 Minuten in reichlich kaltem Wasser einweichen.

·–2–·
Tofu in Würfelchen schneiden, in einer Fritteuse oder in einer Bratpfanne im Öl frittieren.

·–3–·
Chilischote entkernen und zerkleinern, Schalotten grob würfeln, mit Pfefferkörnern, Chili und Salz im Mörser zu einer Paste zerstoßen.

·–4–·
Kokosnusscreme in einem Topf oder im Wok erwärmen, nicht kochen. Gemüsebrühe, Zucker, Chilipulver, Sojasauce und Gewürzpaste unterrühren.

·–5–·
Reisnudeln auseinanderziehen und zur Sauce geben, köcheln, bis sie fast gar sind. Frittierte Tofuwürfel, Sojasprossen und Frühlingszwiebeln untermischen, mit Koriander garnieren.

Limettencreme
Erdbeercreme
Schokoladecreme

Dessert

Limettencreme

500 g Seidentofu
1 dl / 100 ml Rahm / Sahne
2–4 EL Akazienhonig
3–4 Limetten, abgeriebene Schale und Saft

Schalenstreifen von Limetten

Erdbeercreme

500 g Seidentofu
1 dl / 100 ml Rahm / Sahne
4 Handvoll Erdbeeren, entstielt
wenig Zitronensaft oder Kirsch
Akazienhonig, nach Belieben

Erdbeeren für die Garnitur

Schokoladecreme

500 g Seidentofu
1 dl / 100 ml Rahm / Sahne
½–1 dl / 50–100 ml Mineralwasser
4–5 EL Schokoladepulver
1 TL Bourbonvanille
2–4 EL Akazienhonig

Limettencreme

·–1–·
Tofu zerkleinern, mit Rahm, Honig, Limettensaft und Limettenschalen pürieren.

·–2–·
Limettencreme in Gläsern / Schalen anrichten, mit Limettenschalenstreifchen garnieren.

Erdbeercreme

·–1–·
Tofu zerkleinern, mit Rahm und Erdbeeren pürieren, mit Zitronensaft oder Kirsch und Akazienhonig abschmecken.

·–2–·
Erdbeercreme in Gläsern / Schalen anrichten, mit Erdbeeren garnieren.

Varianten
Erdbeeren durch Himbeeren, Brombeeren (pürieren und durch ein Spitzsieb streichen, um die Steinchen aufzufangen), 2 Bananen oder ein beliebiges Fruchtpüree ersetzen.

Schokoladecreme

·–1–·
Alle Zutaten fein pürieren.

·–2–·
Schokoladecreme in Gläsern / Schalen anrichten.

Pilze

Die wundersamen Verwandler

Die Reussebene liegt im dichten, kalten Frühnebel. Wenige Meter weiter oben auf der Weid, wo der Hof der Familie Schneebeli steht, hat sich die wärmende Sonne bereits durchgesetzt und spielt mit den immer dünner werdenden Nebelschleiern. Ein stimmiger Auftakt, um einem ganz besonderen Produkt sein Geheimnis zu entlocken: den Pilzen. Sie sind weder Pflanze noch Tier, sondern bilden ein Reich für sich. In dieses entführt uns Fabian Schneebeli, der auf dem Hof seiner Eltern die Verantwortung für die Gewächshäuser trägt, in denen die Austernseitlinge gezogen werden. Daneben werden auf dem Bio-Betrieb Mutterkühe gehalten, Ackerbau betrieben und Junghennen aufgezogen.

Das Gewächshaus liegt im hinteren Teil des Betriebes – ein zweistöckiger moderner Bau aus Glas. Im Erdgeschoss ist das Reich der Junghennen. Über eine Außentreppe gelangt man in die zweite Etage, in welcher vier Gewächshallen liegen, gekennzeichnet mit farbigen Symbolen an den Glasschiebetüren. Uschi Schneebeli, die Bäuerin, klärt uns auf: «Es war zu kompliziert, einander jeweils zu erklären, in welchem Raum man sich befindet. Mein Mann Hansjörg hat dann das Farbsystem eingeführt – nun kommt es zu keinen Missverständnissen mehr.» Er ist es auch, der das Pilzvirus – oder sollte man vielleicht besser sagen: die Pilzsporen – eingebracht hat. Doch davon später mehr.

Ein Vlies über dem Dach und Wassersprenger sorgen bei starker Sonneneinstrahlung für die Temperaturen, welche Austernseitlinge lieben – zwischen 14 und 18 Grad. Aus ökologischen Gründen wird im Hochsommer eine einmonatige Pause eingelegt, in der die Gewächshäuser gründlich gereinigt und die Kulturen neu angesetzt werden. Man will möglichst wenig Fremdenergie verbrauchen. Aus diesem Grund wird auch der gesamte Bauernbetrieb ausschließlich mit erneuerbarer Energie beheizt.

Im Gewächshaus steht Regal an Regal, gefüllt mit Stroh aus biologischem Anbau. Dank der Hülle aus Plastik bleibt die Feuchtigkeit im Strohsubstrat erhalten. Gut zu sehen ist, wie das weiße Pilzmycelium im Stroh wuchert. Aus den von Hand geschnittenen kleinen Löchern wachsen die Austernpilze in Büscheln, größere, kleinere, manche Stellen sind leer geerntet oder stehen kurz vor dem erneuten Aufblühen der Pilze. Es ist kühl hier drin, ruhig, ja still. Aber irgendwie lebendig. Als ob jemand schlafen würde... Das stille Wachstum ist so unbeschreibbar anders als bei einem Kürbis oder einem Kalb.

Die Lamellen der Pilze sind aus Chitin gebaut und nicht wie bei Pflanzen aus Zellulose. Zwar sind beides Zuckerarten, aber Chitin kommt sonst in der Natur als Baustoff von Gliederfüßlern und Insekten vor. Die Grundsubstanz des Pilzes ist das Myzel, welches sich unterirdisch ausbreitet und nur da und dort seine Blüten – die Pilze – ans Tageslicht empor wachsen lässt. Die unterschiedlichen Formen, Farben und Aromen der Pilzwelt sind faszinierend. Bei Schneebelis werden ausschließlich Austernpilze gezogen, ein äußerst feiner Speisepilz, der auch mit Kalbfleisch verglichen wird. Er kommt in der freien Natur überall auf dem Erdball vor und wächst vor allem an alten, morschen Baumstämmen. Er ist auch als Weihnachtspilz bekannt, denn er liebt kühle Temperaturen und kann als einziger Pilz noch im Dezember gefunden werden. In unseren Breitengraden entdeckt man ihn in der Natur kaum mehr. Das kommt daher, dass gefällte Bäume nicht mehr liegen gelassen werden. Pilze ernähren sich von totem Pflanzenmaterial; ihre Aufgabe in der Natur ist der Zellstoffabbau oder anders ausgedrückt: das Aufräumen. Auf geheimnisvolle Weise verwandeln sie Holz oder Stroh in ein eiweißreiches Lebensmittel, das dank seiner Entstehungsweise keinerlei Art von Dünger braucht. Das ist auch bei Zuchtpilzen nicht anders.

Aber wie kommt im Zuchtbetrieb der Pilz ins Stroh? Fabian Schneebeli klärt uns über das Prozedere des Spickens oder Säens auf: Für eine neue Kultur wird zuerst Stroh mit heißem Wasser angefeuchtet und in einem Überseecontainer angesetzt. Die dabei erzeugte Erwärmung tötet andere Pilzsporen und Schädlinge ab. Nach fünf Tagen kommt dann der große Moment. Die mit dem Pilzmyzel bewachsenen Getreidekörner, welche eingekauft und kühl gelagert worden sind, bilden das Saatgut. Beim Spicken ist es ganz wichtig, dass die beiden Personen, die impfen und die Gestelle füllen, keine anderen Pilzsporen auf sich tragen. Später, wenn die Kulturen dann erstarkt sind, spielt das keine Rolle mehr, sodass man die Gewächshäuser nicht mit sterilen Kleidern und Haube betreten muss.

Über ein Förderband wird das Stroh nach oben transportiert und unterwegs mit der Brut geimpft. Dann wird es in die mit Plastik ausgekleideten Gestelle gefüllt. Fabian Schneebelis Aufgabe ist es, das Stroh zu stampfen. Die Pilzkulturen werden mit einem Traktor in den Durchwachsungsraum gefahren. In den kommenden zwei Wochen bilden sich im Dunkeln feine Pilzfäden, Wurzeln ähnlich, die das Stroh durchwachsen und das Myzel bilden. Nun werden die Gestelle in die Gewächshäuser gehoben. Dann erst wird die Plastikhülle gelocht. Nach drei bis vier Wochen sind kleine Austernpilze sichtbar. Und nun geht alles recht schnell. Bereits vier Tage später kann das erste Mal geerntet werden. Dafür braucht es Sachkenntnis und

Fingerspitzengefühl. Nur ein erfahrener Pflücker erkennt frühzeitig, ob sich Grünschimmel bildet und ob die Luftfeuchtigkeit im Gewächshaus stimmt. Deswegen ist diese Arbeit Chefsache.

Insgesamt können drei Wachstumswellen verwertet werden; jede dauert 2 bis 3 Wochen. Die Ernten werden jedoch immer kleiner, die Pilze größer. Nach dem dritten Wachstumszyklus wird eine neue Kultur angesetzt.

Pilze sind kalorienarm und enthalten kaum Fett. Austernseitlinge zum Beispiel bestehen zu rund 90% aus Wasser, sie enthalten jedoch auch wertvolles Eiweiß, und dies in höherer Konzentration als Gemüse oder Kuhmilch. Mineralstoffe, Spurenelemente sowie Vitamine, insbesondere das Vitamin B, machen die Pilze zu einer gesunden Eiweißergänzung, gerade auch für Menschen, die sich fleischlos ernähren. Allem voran aber sind Pilze eine kulinarische Delikatesse, die sich sehr vielseitig einsetzen lässt.

Austernseitlinge sind äußerst beliebt. Aber die Bestellmengen bleiben unberechenbar. Einmal werden nicht genügend Pilze erntereif, dann wieder müssen zu viele aufs Mal gepflückt werden, denn der richtige Zeitpunkt darf keinesfalls verpasst werden.

Gibt es einmal Überschuss, so wird dieser nach einer speziellen Rezeptur in Rot- oder Weißwein eingemacht und ins Glas gefüllt – eine Delikatesse! Auch getrocknete Pilze sind bei Schneebelis im Angebot. Und wenn mal gar zu große Mengen anfallen, bekommen die Kühe einen Extrapilzgang serviert. Sie mögens. Genauso wie das mit weißem Myzel durchzogene Stroh, welches teilweise auf den Feldern landet, teilweise im Kuhmagen.

In seinen Jungbauernjahren hatte Hansjörg Schneebeli in einem Praktikum auf einem Pilzbetrieb den Anbau von Austernseitlingen kennengelernt. Die damals eingeimpften mentalen Pilzsporen entwickelten sich rasch zu der Idee, selbst das Experiment zu wagen, und kurze Zeit später wurden die ersten Austernpilze auf dem Hof geerntet. Damals noch saisonal, temperaturbedingt im Frühling und Herbst. Als innovativer Bauer stellte er den Betrieb und die Pilzzucht vor knapp zwanzig Jahren auf Bio um. In Übereinstimmung mit seinen ökologischen Ideen bot sich der Pilzanbau direkt für den Bio-Gedanken an. Ein Lebensmittel, das nicht nach Dünger, Insektiziden und Fungiziden schreit, sondern mit Intelligenz und Erfahrung des Anbauers gedeiht. Sohn Fabian lacht beim Gedanken an die einfachen Plastikhäuschen, in denen zu Beginn die Pilze gezogen wurden – damals noch in Säcken, wie dies andernorts üblich ist. Der äußerst praktische Glasbau hat nun alle Träume erfüllt. Heute ist der Familienbetrieb der zweitgrößte Produzent von Bio-Austernseitlingen in der Schweiz. Für die Verarbeitung und das Rüsten werden sechs Mitarbeitende stundenweise beschäftigt. Ein Wachstum ist noch möglich. Dafür braucht es aber immer wieder Kommunikation – und die wertvolle Unterstützung durch die Vertriebspartner.

Nachdem nun Sohn Fabian die Verantwortung für den Pilzbereich übernommen hat, kann sich Vater Hansjörg wieder als Präsident der Biofarm für die Anliegen der Produzenten und eine kundenorientierte Vermarktung engagieren. Für Bio-Bauern ist diese Genossenschaft überlebenswichtig. So können auch Schneebelis ihre getrockneten Pilze aus Ernteüberschüssen über diesen Kanal absetzen. Die frischen Austernseitlinge schaffen den Weg in alle Läden mit Bio-Angebot. Dafür hat man sich mit einem Pilzproduzenten zusammengetan, der ein größeres Spektrum anbaut und die Grossisten beliefert. Vernetzung auch hier, Zusammenarbeit statt Konkurrenzdenken. Und noch einmal ist der Pilz für einen bildhaften Vergleich gut: Aus einem vitalen Grundgeflecht heraus entstehen die Blüten, die dem Menschen als Nahrung dienen und zugleich Ordnung und Platz für neues Leben schaffen. Etwas von dem liegt bei den Schneebelis jedenfalls in der Luft.

Pikante
usternpilze
alaten, Aufschnitt-Platten oder
Beilage zu Hauptgängen.
hlschrank aufbewahren.
pilze, Weisswein (verkocht,
Thymian, alles aus
e Sel. Produktion, Vertrieb und
ikatessen AG, 8912 Obfelden
Würzige
Austernpilze
Zum Apéro, als Beilage zu Salaten, Aufschnitt-
zu Raclette. Aufgewärmt als Beilage zu
Angebrochene Gläser im Kühlschrank
Zutaten: Schweizer Austernpilze
(verkocht, kein Restalkohol), Paprika
biologischer Kultur, Fleur de Sel. Produktion, Vertrieb und
Amanita-Delikatessen AG, 8912 Obfelden – www.amanita-
Pleurotus ostreatus
Austernpilze
ocknete Pilze aus biologischer
Zubereitung: 30 Minuten in warmem
einweichen, weiterverwenden
füllungen, Terrinen oder
zu Fleischgerichten.
Familie Schneebeli, Obfelden.
und Gratis-Rezepte:
Delikatessen AG, 8912 Obfelden
-delikatessen.ch

Tofu-Stroganoff

Mahlzeit

400 g fester Tofu
3–4 EL Sojasauce
frisch gemahlener Pfeffer
reichlich Paprikapulver

1 EL Olivenöl extra vergine
1 mittelgroße Zwiebel, fein gewürfelt
1 roter Peperoni / Gemüsepaprika
150 g braune Champignons
1 dl / 100 ml Weißwein
1 dl / 100 ml Rahm / Sahne
2 Essiggurken, in Streifen
1 Bund Petersilie, Blättchen abgezupft und gehackt
Meersalz
frisch gemahlener Pfeffer
2 EL Cognac

·–1–·

Tofu mit Sojasauce, Pfeffer und Paprika würzen, 30 Minuten marinieren.

·–2–·

Peperoni halbieren, Stielansatz und Kerne entfernen, Schotenhälften in Streifen schneiden. Champignons je nach Größe halbieren, vierteln oder in Scheiben schneiden.

·–3–·

Zwiebeln in einer beschichteten Bratpfanne im Öl andünsten, Peperoni und Pilze mitdünsten, Wein zugeben, ein wenig einköcheln lassen, Rahm, Essiggurken und Petersilie zugeben, nochmals kurz köcheln lassen.

·–4–·

Tofu in einer beschichteten Bratpfanne ohne Fett braun braten, unter das Gemüse mischen, nochmals erhitzen, mit Salz, Pfeffer und Cognac abschmecken.

Spiralnudeln mit Zucchini und Peperoni

Mahlzeit

300–400 g Spiralnudeln oder andere Teigwaren
2 EL Olivenöl extra vergine
2 rote Peperoni / Gemüsepaprika
500 g Zucchini
frischer Thymian oder Majoran oder Rosmarin, fein gehackt, nach Belieben
2 Schöpflöffel Pastawasser
Kräutermeersalz
frisch gemahlener Pfeffer
2 EL Olivenöl extra vergine
200 g Austernseitlinge
gehackte glattblättrige Petersilie
Olivenöl extra vergine zum Beträufeln

·–**1**–·
In einem großen Kochtopf reichlich Salzwasser aufkochen, die Spiralnudeln zugeben und al dente kochen, 2 Schöpflöffel des Kochwassers für das Gemüse entnehmen, Teigwaren abgießen, mit kaltem Wasser abschrecken.

·–**2**–·
Die Peperoni halbieren, Stielansatz und Kerne entfernen, Schotenhälften in etwa 2 cm große Quadrate schneiden. Die Zucchini beidseitig kappen, in 5 bis 10 mm dicke Scheiben schneiden. Die Austernseitlinge in Streifen schneiden.

·–**3**–·
Peperoni, Zucchini und Kräuter im Olivenöl andünsten, nach etwa 3 Minuten ein wenig Teigwarenkochwasser zugeben und nochmals 2 bis 4 Minuten dünsten, mit Salz und Pfeffer würzen.

·–**4**–·
Die Austernseitlinge in einer beschichteten Bratpfanne im Olivenöl rührbraten. Zucchini-Peperoni-Gemüse und Spiralnudeln zugeben, erhitzen. Anrichten. Gehackte Petersilie darüberstreuen, mit Olivenöl abrunden.

Bunter Herbstsalat mit Pilzen und Kastanien

kleine Mahlzeit

2 kleine Fenchel
2 Brüsseler Endivien
4 EL Olivenöl extra vergine
2 Handvoll Baumnuss-/ Walnusskerne
200–300 g gekochte Kastanien aus dem Glas
200 g Shiitake
Thymianpulver

Vinaigrette
4 EL Balsamico
2 TL Zitronensaft
Kräutermeersalz
frisch gemahlener Pfeffer
8 EL Olivenöl extra vergine

–1–
Beim Fenchel grobe Fasern mit dem Sparschäler abschälen, die Knollen halbieren, quer in feine Scheiben schneiden. Bei den Brüsseler Endivien die Hüllblätter entfernen, Stangen quer in Streifen schneiden.

–2–
Nüsse und Kastanien in 2 EL Olivenöl kurz braten, mit Salz und Pfeffer würzen, warm stellen.

–3–
Shiitake in Streifen schneiden, im restlichen Olivenöl braten, mit Thymian, Salz und Pfeffer würzen.

–4–
Fenchel und Brüsseler Endivien mit der Vinaigrette mischen, anrichten. Nüsse, Kastanien und Pilze darüber verteilen.

Zucchini mit Fleisch- / Pilzfüllung

Mahlzeit

für 2 Personen

2 mittelgroße Zucchini
2 dl / 200 ml fettfreie Gemüsebrühe

100 g Pilze, z. B. Austernseitlinge, Steinpilze, Champignons, klein gewürfelt
100 g gehacktes Rind- oder Lammfleisch
80 g Feta, zerbröckelt
1 kleines Ei
reichlich gehackte Kräuter, z. B. Petersilie, Thymian, Rosmarin
2 bis 3 Minzeblättchen oder 2 TL getrocknete Provencekräuter
1 Knoblauchzehe
Kräutermeersalz
frisch gemahlener Pfeffer
1 Zitrone, wenig abgeriebene Schale

·–**1**–·
Backofen auf 180 bis 200 °C vorheizen.

·–**2**–·
Zucchini beidseitig kappen, längs halbieren, mit dem Kugelausstecher vorsichtig aushöhlen. Das ausgehöhlte Zucchinifleisch für eine Crèmesuppe verwenden. Zucchinihälften in wenig Gemüsebrühe 3 bis 5 Minuten dämpfen. Brühe für die Gratinform aufbewahren.

·–**3**–·
Pilze, Hackfleisch, Feta, Ei und Kräuter mischen, Knoblauchzehe dazupressen und unterrühren. Mit Kräutersalz, Pfeffer und Zitronenschale würzen.

·–**4**–·
Zucchinihälften leicht salzen, mit der Pilzmasse füllen. In eine feuerfeste Form legen. Ein wenig Gemüsebrühe in die Form gießen.

·–**5**–·
Die gefüllten Zucchini im vorgeheizten Ofen bei 180 °C rund 30 Minuten schmoren.

Tipp
Mit Reis oder im Dampf gegarten Kartoffeln servieren.

Variante
Je nach Jahreszeit kann die Masse auch zum Füllen von Patissons, Tomaten, Gurken, Kohlrabi oder Zwiebeln verwendet werden. Ausgehöhlte Gurken, Kohlrabi und Zwiebeln vor dem Füllen ebenfalls dämpfen.

Pilze, Gemüse und Kräuter im Ausbackteig

Aperitif

Frittiergut
Pilze wie Champignons, Austernseitlinge, Eierschwämmchen / Pfifferlinge
kleine Auberginen, Spargelspitzen, Fenchel, kleine Zwiebeln, Blumenkohl und Brokkoli, Peperoni / Gemüsepaprika, Salbeiblätter

Teig
3 Eier, Eigelb und Eiweiß getrennt
2 EL Olivenöl extra vergine
1,6 dl / 160 ml Wasser oder Bier
1 TL Meersalz
200 g Dinkelweißmehl / Mehtype 630

Olivenöl zum Frittieren

Zitronenspalten für die Garnitur

·–1–·
Für den Teig Eigelbe, Olivenöl und Wasser verquirlen. Salz und Mehl beigeben, zu einem glatten Teig rühren. 30 Minuten ruhen lassen. Das Eiweiß unmittelbar vor dem Frittieren steif schlagen und unterziehen.

·–2–·
Pilze ganz lassen, halbieren oder vierteln. Gemüse putzen. Auberginen erst kurz vor dem Frittieren in Scheiben schneiden, Spargelspitzen auf etwa 8 cm kürzen (Reste für einen Risotto oder eine Suppe verwenden), Fenchel in Streifen schneiden, Zwiebeln halbieren, Blumenkohl und Brokkoli in Röschen brechen (Strunk anderweitig verwenden), Zucchini in Scheiben schneiden.

·–3–·
Fenchel, Blumenkohl, Brokkoli und Peperoni im Dampf knackig garen. Kalt abschrecken.

·–4–·
Frittieröl erhitzen. Pilze, Gemüse und Kräuter portionsweise durch den Teig ziehen und frittieren. Auf Küchenpapier abtropfen lassen. Warm oder kalt servieren.

Tipp
Am Tisch mit Limonenöl beträufeln.

Pasta mit Hopfentrieben und Shiitake

Mahlzeit

350 g nicht zu feine Spaghetti
150–200 g Hopfentriebe
oder Wildspargel oder
junger Spinat
3 EL Olivenöl extra vergine

3 EL Olivenöl extra vergine
150 g Shiitake, in Streifen
Salz
frisch gemahlener Pfeffer

Pecorino oder Sbrinz

·–**1**–·

Spaghetti gemäß Packungsbeschrieb in einem großen Topf in reichlich Salzwasser al dente kochen, Hopfensprossen die letzten 2 bis 3 Minuten mitkochen. Abgießen. In den Topf zurückgeben, mit dem Olivenöl vermengen.

·–**2**–·

Shiitake in einer beschichteten Bratpfanne im Olivenöl braten, mit Salz und Pfeffer würzen. Pilze unter die Spaghetti mischen. Käse separat servieren.

Hopfentriebe

Hopfentriebe sehen feinem Wildspargel ähnlich. Der Hopfen gedeiht in der freien Natur genauso gut wie im erwerbsmäßigen Anbau (Hopfendolden für die Bierproduktion) und im Hausgarten. Die Hopfentriebe ergeben ein wunderbares Gemüse. Erntezeit ist von Mitte April bis Mitte Mai.

Pizza mit Pilzen, Oliven und Rucola

für 2 Pizzas

Pizzateig
350 g Dinkelruchmehl/ Mehltype 1050
1 TL Meersalz
1 EL Olivenöl extra vergine
1 Hefewürfel (42 g)
ca. 2½ dl/250 ml lauwarmes Wasser

Belag
200 g frische Steinpilze
2 EL Olivenöl extra vergine
Meersalz
frisch gemahlener Pfeffer
1 EL Tomatenpüree
entsteinte grüne Oliven
1–2 mittelgroße Tomaten
Oregano
100 g Mozzarella, auf der Röstiraffel gerieben
Olivenöl extra vergine
Rucola

·–1–·
Für den Pizzateig das Mehl auf die Arbeitsfläche häufen, eine Vertiefung drücken. Salz auf den Rand streuen, Olivenöl darüberträufeln. Hefe zerbröckeln und in die Vertiefung geben, nach und nach Wasser und Mehl unter die Hefe rühren, einen Teig formen, auf der Arbeitsfläche 10 Minuten kräftig kneten. Teig in einer zugedeckten Schüssel 30 Minuten gehen lassen.

·–2–·
Steinpilze mit einem trockenen Tuch abreiben, in Scheiben schneiden. Eine Bratpfanne aufheizen, Olivenöl zufügen, Pilze bei starker Hitze kurz braten, würzen.

·–3–·
Backofen auf 220 °C vorheizen.

·–4–·
Pizzateig in zwei Portionen teilen und Rondellen von 30 cm Durchmesser ausrollen oder von Hand dünn ausziehen. Tomatenpüree darauf verstreichen. Steinpilze, Tomaten und Oliven darauf verteilen. Oregano und Mozzarella darüberstreuen, mit Salz und Pfeffer abschmecken, ein wenig Olivenöl darüberträufeln.

·–5–·
Die beiden Pizzas im vorgeheizten Ofen bei 220 °C rund 15 Minuten backen. Mit Rucola garnieren. Olivenöl am Tisch über die Pizza träufeln.

Lauchrisotto mit Pilzen

Mahlzeit

für 2 Personen

150 g Vollkorn-Risottoreis
5–6 dl / 500–600 ml Wasser
1 EL Olivenöl extra vergine
1 Zwiebel, fein gehackt
1 Knoblauchzehe, durchgepresst
1 mittelgroße Lauchstange, in Streifen
1 dl / 100 ml Weißwein
Meersalz
Gemüsebrühepulver
1–2 EL geriebener Käse, nach Belieben

1 EL Olivenöl extra vergine
200 g Pilze, z. B. Austernseitlinge, Shiitake, Champignons

·–1–·

Reis und Wasser aufkochen, 2 Minuten sprudelnd kochen, dann auf der ausgeschalteten Wärmequelle zugedeckt 30 Minuten quellen lassen.

·–2–·

Zwiebeln und Knoblauch im Olivenöl andünsten, Lauch zugeben und kurz mitdünsten, mit Weißwein ablöschen. Reis unterrühren, etwa 5 Minuten köcheln, würzen mit Salz und Gemüsebrühepulver. Der Reis soll sämig sein, je nach Konsistenz mit Wasser verdünnen. Vor dem Servieren mit dem geriebenen Käse verfeinern.

·–3–·

Pilze je nach Größe halbieren oder vierteln. Austernpilze in Streifen schneiden. Eine Bratpfanne aufheizen. Öl und Pilze gleichzeitig in die Pfanne geben und kräftig anbraten, unter den Reis rühren.

Bunter Endiviensalat

für 4 Personen als Mahlzeit
für 8 Personen als Vorspeise

1 kleiner bis mittelgroßer Cicorino rosso / Radicchio di Verona
1 Brüsseler Endivie / weißer Chicorée
¼ krause Endivie / Escariol
glattblättrige Petersilie
2 EL Olivenöl extra vergine zum Braten
100–150 g Shiitake, Steinpilze oder Champignons
100 g gekochte Kastanien aus dem Glas
12 Baumnuss- / Walnusskerne, grob gehackt
1 Thymianzweigchen, Blättchen abgezupft
100 g Roquefort, zerbröckelt, oder anderer Käse
100 g Bratspeckscheiben

Vinaigrette
4–6 EL Olivenöl extra vergine
2 EL Balsamico
½ Zitrone, Saft
Kräutermeersalz oder Meersalz, nach Belieben
frisch gemahlener Pfeffer

·–1–·
Cicorino rosso, Brüsseler Endivie und krause Endivie in mundgerechte Stücke schneiden. Petersilie von den Stielen zupfen.

·–2–·
Die Pilze je nach Größe ganz lassen, halbieren, vierteln oder in Streifen schneiden. Im Olivenöl einige Minuten braten, mit Salz und Pfeffer abschmecken.

·–3–·
Kastanien und Baumnüsse im Olivenöl knusprig braten, mit Thymianblättchen, Salz und Pfeffer würzen.

·–4–·
Die Speckscheiben in der heißen Pilzpfanne ohne Fett kurz braten.

·–5–·
Die Sauce zubereiten, mit wenig Kräutersalz und Pfeffer würzen.

·–6–·
Blattsalate, Petersilie, Pilze, Kastanien-Nuss-Gemisch und Roquefort vermengen, auf Tellern anrichten. Vinaigrette darüberträufeln. Mit den Speckscheiben garnieren.

Variante
Den Speck durch Bündnerfleisch ersetzen. Die Scheiben aber nicht braten, sondern lediglich einrollen.

Kastanien-Risotto mit Kräutern und Pilzen

Mahlzeit

2 EL Olivenöl extra vergine
1 kleine Zwiebel,
 fein gehackt
200 g weißer Risottoreis
1 dl / 100 ml Weißwein
1 Kräutersträußchen,
z. B. Salbei, Rosmarin,
 Thymian, gehackt
200 g gekochte Kastanien
 aus dem Glas oder
200 g tiefgekühlte Kastanien
8 dl–1 l / 800 ml–1 l heiße
 Gemüse- oder Hühnerbrühe
1 dl / 100 ml Rahm / Sahne
fein gehackte glattblättrige
 Petersilie
geriebener Sbrinz oder
 Pecorino, nach Belieben
frisch gemahlener Pfeffer
Olivenöl extra vergine
 zum Beträufeln

2 EL Olivenöl extra vergine
300 g Pilze, je nach Saison
Meersalz
frisch gemahlener Pfeffer

·–1–·

Zwiebeln im nicht zu heißen Olivenöl andünsten, Reis zugeben und glasig werden lassen, Weißwein und Kräuter zugeben, immer wieder heiße Gemüsebrühe zugeben und einkochen lassen. Die Garzeit beträgt etwa 20 Minuten; der Reis soll noch Biss haben. Gekochte Kastanien die letzten 5 Minuten mitkochen. Tiefgekühlte Kastanien 10 bis 12 Minuten vor Ende der Garzeit unter den Reis rühren. Die Kastanien dürfen zerfallen. Den Risotto mit Rahm verfeinern und diesen wenig einkochen lassen. Kurz vor dem Servieren mit Petersilie und Pecorino bestreuen. Mit frisch gemahlenem Pfeffer bestreuen und nach Belieben mit ein paar Tropfen Olivenöl abrunden.

·–2–·

Pilze je nach Größe halbieren, vierteln oder in Streifen schneiden, im Olivenöl kurz braten, mit Salz und Pfeffer abschmecken und über den Risotto verteilen.

Grüner Kartoffelstock mit Pilzen

Mahlzeit

1 kg mehligkochende Kartoffeln
200 g junger Rucola oder Kresse
3 EL Olivenöl extra vergine
3–4 dl / 300–400 ml heiße Milch
Meersalz
Muskatnuss

2 EL Olivenöl extra vergine
400 g gemischte Pilze
Kräutermeersalz
frisch gemahlener Pfeffer

·–**1**–·
Rucola fein schneiden, im Olivenöl 1 bis 2 Minuten dünsten, warm halten.

·–**2**–·
Kartoffeln schälen und in Würfel schneiden, im Dampf weich garen, noch heiß durch das Passevite / die Flotte Lotte drehen. Rucola und heiße Milch unter die passierten Kartoffeln rühren, würzen.

·–**3**–·
Die Pilze je nach Größe halbieren, vierteln oder in Scheiben schneiden, im Olivenöl 2 bis 3 Minuten braten, würzen.

·–**4**–·
Den Kartoffelstock anrichten, mit den Pilzen umgeben.

Orecchiette mit Pilzen und Spinat

Mahlzeit

für 2 Personen

200 g frische Orecchiette

3 EL Olivenöl extra vergine
250 g gemischte Pilze
je 3 Zweige Thymian, Majoran und evtl. Bohnenkraut, fein gehackt
1 Knoblauchzehe
1 Zitrone, abgeriebene Schale
150 g junger Blattspinat
wenig Cayennepfeffer
frisch gemahlener Pfeffer
1 Prise Meersalz

·–1–·
Orecchiette im Salzwasser al dente kochen.

·–2–·
Pilze je nach Größe halbieren, vierteln oder in Scheiben schneiden, in einer Bratpfanne im Olivenöl kurz und kräftig braten, Kräuter unterrühren, Knoblauchzehe dazupressen, wenig Zitronenschale dazugeben, 5 Minuten dünsten, Spinat zugeben, zusammenfallen lassen, mit Cayennepfeffer, Pfeffer und der Prise Salz abschmecken.

·–3–·
Orecchiette zum Pilz-Spinat-Mix geben, mischen, erhitzen. Sofort servieren.

Variante
Außerhalb der Saison tiefgekühlten Spinat nehmen. Diesen separat zubereiten und am Schluss untermischen.

Milch, Käse, Eier

Gehörnte Milchmagie

·– Herr der Kühe –·

Für Kurt Brunner ist der magische Moment am Tag frühmorgens, wenn die Kühe von der Weide hereinkommen und ihm ihre Milch bringen. Ihm, dem Bauern, tragen sie die Milch zu, die während der Nacht aus dem grünem Gras entstanden ist! Etwas Erhebenderes gibt es für ihn nicht.

Die Kühe gehen durch den Laufstall in den Melkstand, wo sie laut Studien unter Ausschüttung von Glückshormonen ihre Milch hergeben. Das Melken ist heute eine recht technische Angelegenheit, aber ohne Bauer geht auch hier nichts: Er bereitet die Euter der Kuh vor, spricht mit ihr, setzt die Melkmaschine an und pflegt danach ihre Zitzen, damit Infektionen keine Chance haben. Eine meditative Ruhe liegt in dem kleinen Raum.

Nur wenn Erdbeerli oder Schwänli nicht in den Stall zurückwollen, gibt es ein paar markante Aufmunterungsrufe vonseiten des Bauern, und wenn dies nichts hilft, einen Strahl aus dem Wasserschlauch. Die gemütliche Gemächlichkeit der Kühe erfordert vom Bauern etwas Temperament und klaren Willen, wenn die Milch termingerecht in die Käserei geliefert werden soll. Ja, er sei schon Alphatier, gibt Kurt Brunner nach einer Diskussion über verschiedene Möglichkeiten der Tierhaltung zu. Er liebt seinen Ideengeber Rudolf Steiner, dessen Anregungen der studierte Ökologe und Bauernsohn nach eigenem Ermessen und Empfinden umsetzt. Aber er liebt es nicht, wenn andere von sich behaupten, sie täten das einzig Richtige – und dabei groß herauskommen wollen.

Das geht wohl allen Herren der Kühe gleich: Sie sind die Schlüsselfigur einer Kuhherde, haben große Autorität und sind für die Stimmung innerhalb der Herde verantwortlich. Erst nach ihnen kommen in der Hierarchie Leitkuh und Stier. Ist der Bauer ein heiterer Mensch mit einer klaren Autorität, so ist das Aggressionspotenzial innerhalb der Herde gering. Rangkämpfe unter den Kühen gibt es zwar immer, und ein paar Kratzer gehören zum Kuhalltag, wenn die Kühe ihre Hörner noch haben.

·– Magisches Kuhhorn –·

Das Thema wird immer aktueller, da es kaum noch Kühe mit Hörnern gibt. Welche Bedeutung hat das Horn? Ist es hilfreich für Orientierung und Kommunikation? Speichert die Kuh darin etwas, was für einen harmonischen Organismus notwendig ist? Haben die Hörner einen Einfluss auf die Milchqualität? Lauter Fragen, die noch nicht abschließend beantwortet werden können. Wenn eine Kuh genügend Platz hat, wird sie ihre Mitkühe nie lebensbedrohlich verletzen. Dies geschieht in manchen Ställen jedoch, wenn die Hörner weg sind und in aggressiven Machtkämpfen mit harten Kopfstößen innere Organe verletzt werden. Was ist dagegen etwas aufgeritzte Kuhhaut?

Der moderne Laufstall, dessen Türen immer offen stehen, hat die Lebensqualität der Kühe enorm verbessert. Man weiß ja auch, dass die Milch von Kühen, die im Freien auf der Wiese genug Bewegung und frisches Gras haben, einen ungemein höheren Anteil der wertvollen Omega-3-Fettsäuren besitzt.

Während die letzte Kuh ihre Milch hergibt und Kurt Brunner den Melkstand reinigt und dafür sorgt, dass jede Kuh in Ruhe etwas Heu fressen kann, macht sich Michael daran, die Kälber zu tränken. Diese werden schon nach zwei Tagen von der Mutter getrennt. Bei dieser fließt nämlich nun die größtmögliche Milchmenge – und durch regelmäßiges Melken kann dieser Stand bis in den Winter hinein gehalten werden.

·– Die Milch. Das Kalb –·

Das Thema regt zum Nachdenken an. Das Wesen der Kuh ist das Kreisrunde. Sie hat dem Menschen das sesshafte Leben und damit die Kultur erst ermöglicht. Die Verdauungskünstlerin gibt dem Boden das, was sie als Gras gefressen hat, mehrfach in Form des Kuhfladens wieder zurück, welcher die Wiese ideal ernährt. So schafft sie selber immer wieder die Grundlage für ihr eigenes Futter.

Ebenso voneinander abhängig sind die Produkte, die uns die Kuh gibt: Milch und Fleisch.

Ohne Kalb keine Milch. Milch, aus der alles das gemacht wird, was Vegetarier mit gutem Gewissen genießen: Käse, Butter, Rahm, Joghurt, Quark – und natürlich die Milch selber. Damit Kühe Milch geben, müssen sie regelmäßig kalbern. Das Kalb wächst zum Rind – und würde zur Kuh oder zum Stier werden, aber auf einem Bauernhof können nicht beliebig viele Tiere durchgefüttert werden. Das Schlachten nach einer gewissen Zeit ist unumgänglich. Ohne Fleisch keine Milch. Muss, wer Milchprodukte liebt, konsequenterweise auch das Fleisch der deswegen geborenen Tiere genießen? Oder reicht es, sich des Ganzen bewusst zu sein – und zumindest das Werten der einzelnen Produkte zu unterlassen?

·– Milch und Allergien –·

Viele Menschen können die Kuhmilch nicht verdauen und entwickeln eine Unverträglichkeit dagegen. Einerseits hängt dies damit zusammen, dass die Milch homogenisiert wird. Dadurch

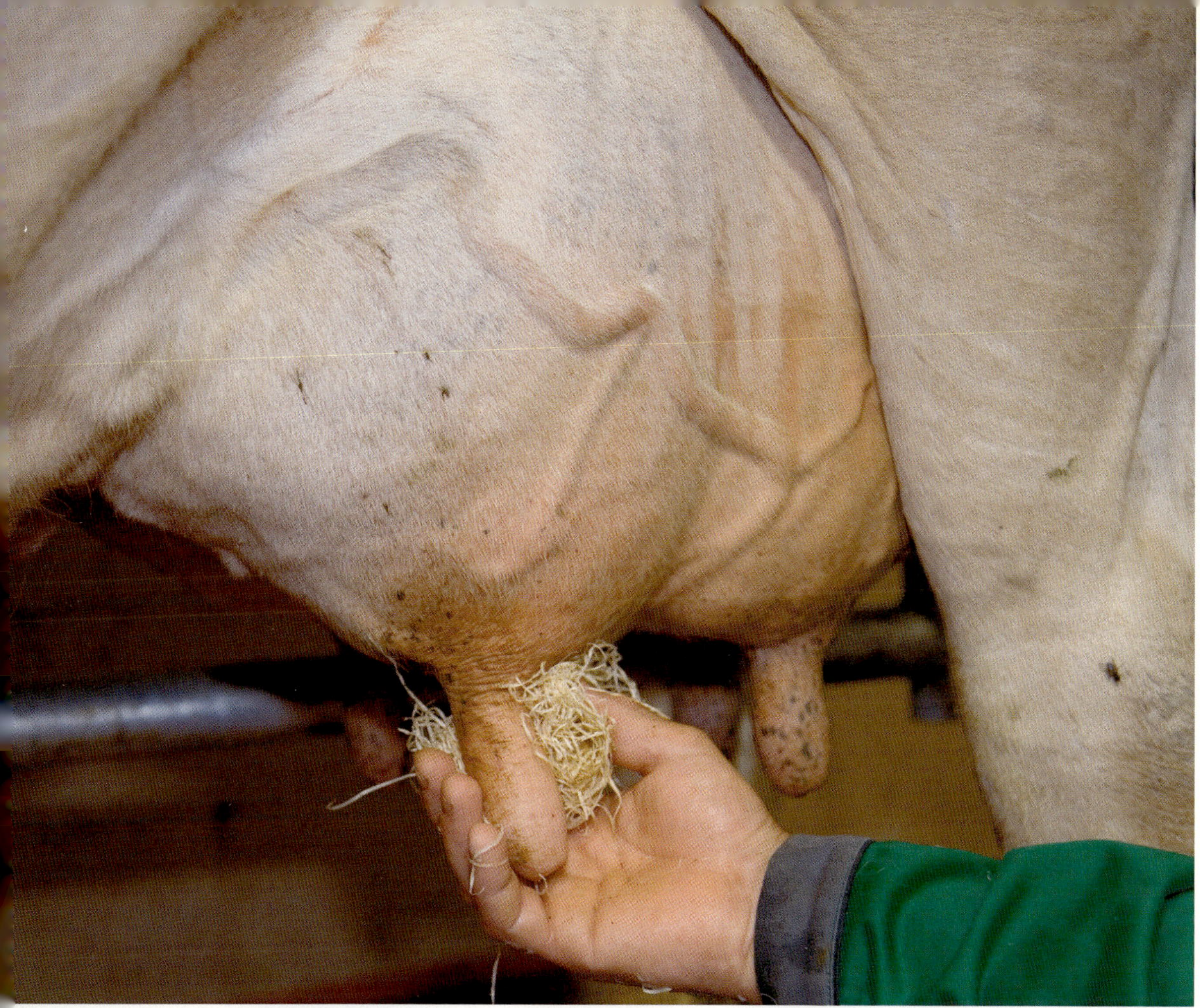

werden die Eiweißteilchen so klein, dass sie durch die Darmwand dringen und unverdaut direkt in den Organismus gelangen, wo sie nicht mehr assimiliert werden können. Der Organismus wehrt sich mit heftigen oder sich erst allmählich zeigenden Reaktionen dagegen. Andererseits ist die Fettqualität der Milch entscheidend. Milch aus ökologischer Tierhaltung weist viel mehr einfach- und mehrfach ungesättigte Fettsäuren auf; allem voran die wertvollen Omega-3-Fettsäuren und die konjugierte Linolsäure. Diese sind maßgeblich an einem starken Immunsystem mitbeteiligt. Auch hier wird klar, dass wir dank artgerechter Haltung Lebensmittel bekommen, die uns gesund und stark machen.

·–In der Käserei–·

Wir fahren mit zur Käserei. Die Sonne hat eben den Vorkamm des Bachtels überwunden und scheint auf den Vorplatz der Sennerei. Diese liegt in einem idyllischen Oberländer Dorf. Hier ist die Welt in Ordnung – dies strahlen zumindest die Menschen aus, die auf dem Weg zur Arbeit oder beim Joggen vorbeikommen und Käserin Maja oder Bauer Kurt ein fröhliches Guten Morgen zurufen.

Die Sennerei Bachtel ist die größte Demeter-Käserei der Schweiz. Sie verarbeitet ausschließlich silofreie Rohmilch von biologisch-dynamisch bewirtschafteten Bauernhöfen, die ihre behornten Kühe täglich ins Freie lassen. Die Produktion liegt in den Händen von Maja Bischof und Marco Eicher. Sie ist für den Käse zuständig, er für den Quark. Die beiden werden durch insgesamt sechs Mitarbeiter, Lehrlinge und betreute Mitarbeiter, unterstützt.

Nach der beschaulichen Ruhe im Stall wird es nun etwas hektisch. Der Donnerstag ist der strengste Tag, da kommen alle ihre Ware abholen. Das bedeutet Termindruck. Vor allem, wenn die Milch nicht angeliefert wird... Maja nimmt blitzschnell aus jeder der Kannen Milchproben, Reagenzglas um Reagenzglas, je eines für die Rohmilch, den Käse, den Quark und den Joghurt. Ohne Probe geht gar nichts. Das Scheppern der Kannendeckel, die Rufe, das Wasserrauschen und das beruhigende Brummen der Maschinen bilden den Hintergrund für wundersame Prozesse, an deren Ende die Milch der Kühe in verschieden großen Gläsern zum Konsumenten gelangt.

Obwohl die maschinellen Einrichtungen beeindruckend sind, passiert hier vieles noch von Hand. Erfahrung beim Käsen ist genauso wichtig wie das Talent zur Kreation neuer Produkte. Zum Beispiel die Dessert-Quarklinie, die ein voller Erfolg ist und eben um zwei neue Kreationen bereichert wurde: Sanddorn und Kardamom – nach dem Frühlingshit mit Limetten. Oder Schwedenmilch – eine leicht gesäuerte Milch mit verschiedenen Aromen, die dank probiotischer rechtsdrehender Milchsäurebakterien besonders gut verträglich ist.

·–Was lange reift, wird ein guter Käse–·

Maja wird nervös, weil es schon wieder später ist, als es sein sollte. Mit dem Käsen kann erst begonnen werden, wenn alle Milch da ist. Trotz der konzentrierten Arbeit finden Maja und Marco Zeit für einen kleinen Schwatz, der deutlich macht, dass hier die Milch nicht nur von glücklichen Kühen kommt, sondern auch von aufgestellten Käsern weiterverarbeitet wird. – Nun fährt der Fahrer ein letztes Mal zu, nun kann es im großen Kupferkessi endlich losgehen. Heute ist fast keine Milch übriggeblieben, knapp ein Drittel des Käsekessis ist gefüllt. Nicht wie im vergangenen Mai, als es dank einer Milchschwemme randvoll war und sich das Käsen wirklich gelohnt hat! Wenn die Milch rund 32 Grad warm ist, gibt Maja die Käsekultur dazu, die nun während einer Stunde unter ständigem Rühren reift. Nun wird das Lab beigesetzt. In der Sennerei wird seit Neustem nur noch pflanzliches Lab verwendet – zum einen, weil Vegetarier das wünschen, zum andern, weil der Käse eine etwas feinere Struktur bekommt, die geschätzt wird. Nun wird die Käsemasse mit der Harfe geschnitten und der Käsebruch in die Formen geschöpft.

Auf dem Weg in den Käsekeller sticht einem ein starker Ammoniakgeruch in die Nase. Der Weg führt mitten ins Zentrum der Sennerei: Hier werden die Käselaibe der vergangenen Tage, Wochen und Monate im feucht-kühlen Dunkel gelagert. Jeden Tag steigt Christian mit einem Kessel voller Salzlake und einer Bürste zu ihnen hinunter und pflegt Laib um Laib, die jungen täglich, die etwas reiferen alle zwei Tage. Der Ammoniak entsteht durch die Gärung während des Reifeprozesses. Nach der umtriebigen Geschäftigkeit oben bei der Milchverarbeitung hat das Ganze hier unten wieder etwas Meditatives, fast Intimes. In aller Stille erhält jeder Käselaib seine Behandlung, dank der er werden kann, was er sein soll: ein aromatischer Bachtelberger, Houderebäseler oder Mägerli Muck...

Das Finden von Käufern ist das große Thema in der Sennerei Bachtel. Sie arbeitet mit diversen Verteilerorganisationen zusammen – die Produkte kommen in den Bio-Fachhandel, in den regionalen Detailhandel und in die Gastronomie. Die Genossenschaft hat schwere Zeiten hinter sich; nun haben sich die Bauern als Genossenschafter engagiert, das Marketing wurde verbessert. Der beste Quark findet heute nicht mehr einfach so zum Konsumenten. Marco Hitz sucht immer neue Vertriebspartner und Absatzkanäle. Das Potenzial ist riesig – man kann noch wachsen.

S M G

Ei, Ei, Ei – ein Huhn oder zwei

·– Mysterium Huhn –·

Mit leicht zur Seite geneigtem Kopf schaut das Huhn den Besucher aus wachen Augen aufmerksam an. Was es nur will? Man traut ihm gemeinhin nicht viel Gehirn zu – da ist in seinem Kopf auch wirklich nicht viel Platz dafür. Aber das Huhn verwirklicht sich nicht im Kopf, sondern im Ei. Welches andere Tier vollbringt das Wunder, dem Menschen täglich – außer der Mauserzeit – ein Ei zu schenken, aus dem entweder ein neues Huhn werden kann oder aber wertvolle Nahrung? Denn das Ei ist ein Wunderwerk der Natur, das sämtliche lebenswichtigen Stoffe wie hochwertiges Eiweiß, Vitamine, Mineralstoffe und Lecithin enthält. Dass Hühner aber auch Sinn für Höheres haben, bewies jenes Haushuhn, welches seiner Bäuerin am liebsten auf der Schulter sass und von dieser Warte aus den täglichen Hofrundgang mitmachte. Oder der Hahn, der sich sonntags bei seinem Herrn auf die Schwelle der Terrassentür setzte und mit ihm zusammen hingebungsvoll klassische Musik hörte.

Es ist zehn Uhr morgens. Wach sind die Hühner schon lange – genau so lange nämlich, wie die Sonne am Himmel steht. Denn Hühner stehen sprichwörtlich mit der Sonne auf. Aber nun werden die Türen in den Hühnerhof geöffnet und unter munterem Gegacker strömen die Damen ins Freie. Ihr Ei haben sie bereits gelegt; Annina Brunners Gehilfin sammelt sie ein und versorgt sie in den praktischen Eierkartons. Wie schön sie da reinpassen ...

Ja, warum nicht ein Huhn sein in Brunners Hühnerhaus?! Der Baumgarten, in dem man nach Belieben scharren, staubbaden oder sich im Schatten ausruhen kann, ist prächtig. Die Körner, die man pickt, sind bio, die Bauersfrau hat ein Herz für Hühner – und man lebt ein rundes halbes Jahr länger als ein konventionell gehaltenes Huhn. Danach werden die Eier jedoch zu dünnschalig und zu groß – leider passen sie dann nicht mehr in die genormten Eierkartons hinein.

·– Lege- oder Zwiehuhn? –·

Und dies ist der Moment, in dem sich das Los auch vieler glücklicher Biohühner wendet: Nun, wo die Zeit für den Metzger gekommen wäre, um die eierlegende Karriere als aromatisches Suppenhuhn zu einem würdigen Abschluss zu bringen, interessiert sich keiner für ihr Fleisch. Ihre Art ist nur zum Eierlegen geeignet. Eine professionelle Fleischausbeute lohnt sich nicht; dafür gibt es die Hühnerrasse, welche speziell fürs Fleisch gehalten wird.

Aber Annina Brunner hat, wie gesagt, ein Herz für Hühner: Auf ihrem Hof werden auch die eierlegenden Hühner geschlachtet und ausgenommen. Das Fleisch ist einwandfrei, die Pouletbrüstchen köstlich. Andere Betriebe lassen die Hühner verbrennen, seit die Großmetzgereien sie nicht mehr abnehmen, um Wurstwaren & Co daraus herzustellen. Oder es wird Biogas aus ihnen produziert. Paradox: Suppenhühner aus biologischer Haltung sind gesucht. Nur noch wenige Metzger bieten sie an. Eine Frage des Marketings?

Die Frage nach dem Huhn oder dem Ei stellt sich für niemanden existenzieller als für das Huhn selber. Die eine Art ist ausschließlich fürs Eierlegen da; ihre männlichen Nachkommen werden sofort getötet. Die andere Sorte dient als fleischlieferndes Poulet; hier haben die weiblichen Nachkommen das Nachsehen. Das ganzheitliche Huhn, das Eier legen darf und nach getaner Arbeit den Menschen sein Fleisch gibt, gehört der Vergangenheit an.

Aber zum Glück gibt es Alfred Reinhard von der Firma Hosberg, einer Eiervermarktungs-Organisation der Bio-Branche. Er setzt alles daran, dem ganzheitlichen Huhn wieder eine Chance zu geben. Selbst ein überzeugter Bio-KAG-Landwirt, weiß er, wovon er redet. Zusammen mit Brunners und anderen Landwirten wurde der Versuch unternommen, eine von der Pro Specie Rara geschützte alte Hühnerrasse, das Schweizer Huhn, wieder auf Herdengröße zu bringen und damit für den Handel interessant zu machen. Ein Huhn, das Eier legen und rund um die Knochen schönes Fleisch ansetzen darf. Keine einfache Geschichte, aber die eine Herde ist beisammen, von nun an kann es mit der Vermehrung zügiger vorangehen. Die Verantwortlichen von Pro Specie Rara sind überglücklich: Das Überleben der vom Aussterben bedrohten Rasse ist für den Augenblick gesichert.

Kurt Brunner strahlt über das ganze Gesicht, als er mitten in den schneeweißen Hühnern fürs Bild posiert. Die wenigen, eingeschworenen Landwirte und Produzenten sind Pioniere, die daran sind, dem Hühnerdrama eine entscheidende Wende zu geben. Aber noch ist die Eierproduktion alles andere als kostendeckend. Ein Ei müsste im Moment das Doppelte kosten. Der Konsument wird entscheiden, ob das Huhn der Zukunft eine Zukunft hat und es nicht bei der einen Herde bleiben wird.

·– Biologischer Eiertanz –·

Alfred Reinhard ist mit seiner eierverarbeitenden Firma ganz am Puls der Zeit. Er hat es geschafft, den Absatz von Bio-Eiern bei den Großverteilern auf einen Viertel des gesamten Eierabsatzes zu steigern. Dafür braucht es viele Eier! Das Netzwerk der Bio-Betriebe, die mit der Hosberg AG einen Vertrag abgeschlossen haben, ist denn auch am Wachsen. Brunners Hof ist einer davon.

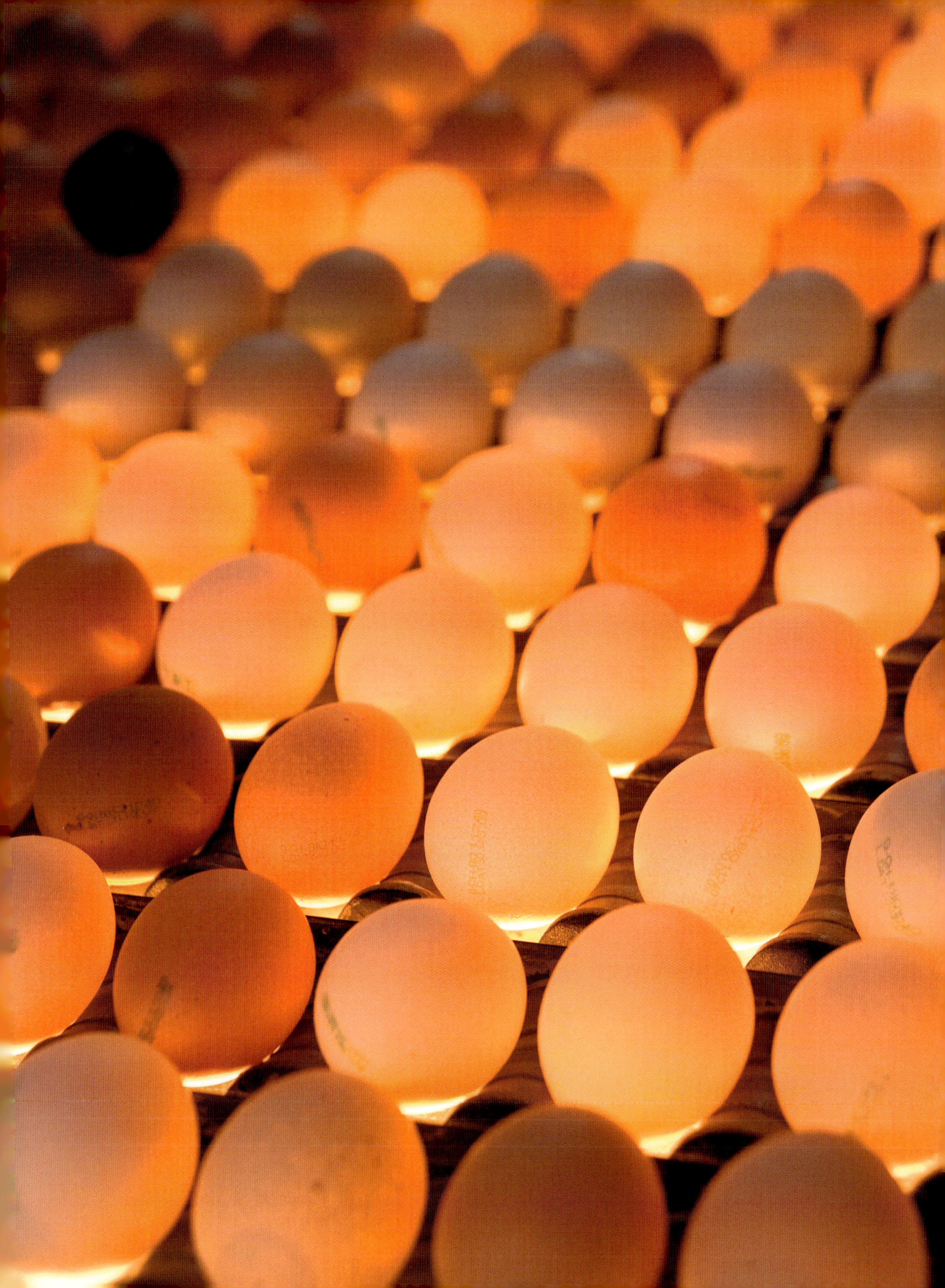

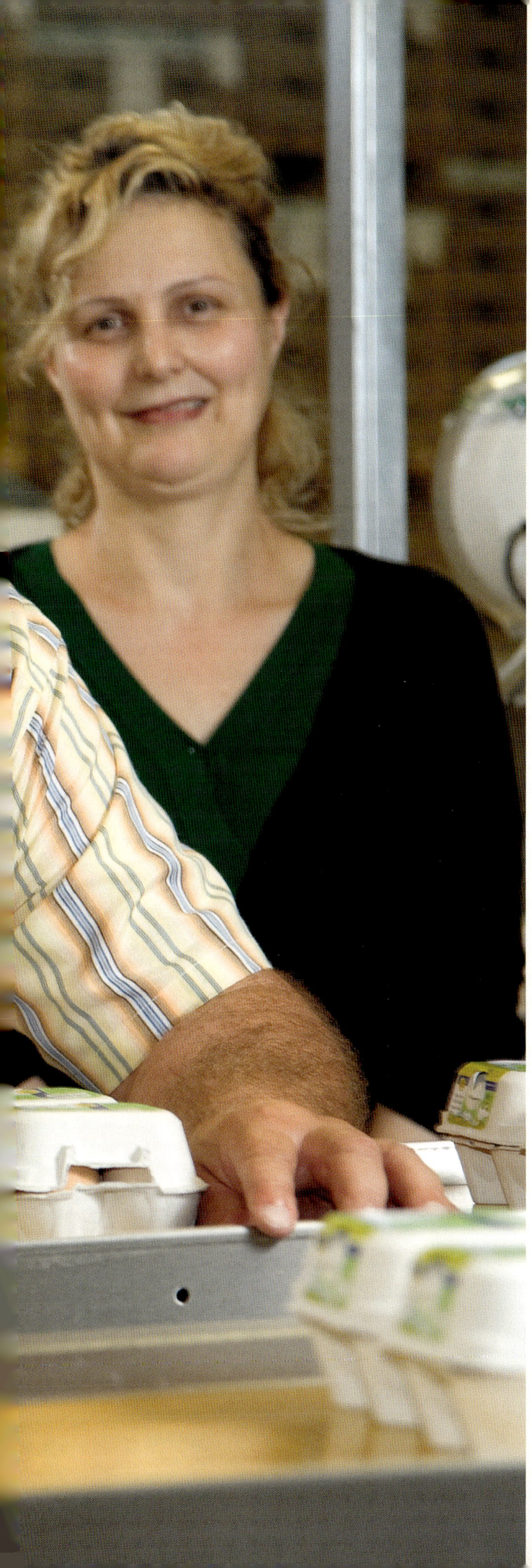

Ohne die vielfältigen Leistungen der Firma, die sich als Plattform versteht, von der aus alles geplant und organisiert wird, wäre der Handel mit Großkunden unmöglich. Denn weder Lieferengpässe noch Überschüsse sind erwünscht. Dies nicht zuletzt, um den Preis stabil halten zu können. Deshalb ist Alfred Hosberg mit seiner Planung immer vier Jahre voraus. Sie beginnt bei den Elterntieren und ihren Bruteiern und schließt unter anderem den Terminplan für Einstallungen – das Aufnehmen einer neuen Herde – mit ein. Auf persönliche Vorlieben kann dann manchmal keine Rücksicht genommen werden. Dafür hat man auf dem Gebiet der Eier geschafft, was bei der Milch momentan noch ein ungelöstes Problem ist.

Wenn die Eier einmal gelegt sind, geht es darum, sie in optimalem Zustand zu den Kunden zu bringen. Strenge Eingangskontrollen, die Nachverfolgbarkeit jedes Eies und ständige Qualitätskontrollen sind das eine, um in einer Welt von Paragraphen und Verordnungen überleben zu können. Eine perfekt funktionierende Logistik ist das andere. Dafür braucht es eine gewisse Größe, Kapital. Ein einzelner Bauer könnte dies alles nicht leisten. Ein gutes Beispiel für vernetztes Denken: Einzelkämpfer haben in der Welt der Bioproduktion keine Chance. Dass auch ein wirtschaftlicher Erfolg dabei herausschauen muss, ist für Reinhard eine Selbstverständlichkeit.

Das beginnt bei der Zusammenarbeit von Produzenten und der Vertriebsfirma. Und setzt sich fort bei den eigenen 40 Mitarbeitern, einer bunten Mischung von Menschen verschiedenster Herkunft, die hier sinnvolle Arbeit finden und individuell ernst genommen werden. Jeder Einzelne hier drin fühlt sich fürs Ganze verantwortlich. Es werden nicht nur Bio-Eier geprüft, sortiert und verpackt: Grazia an der Verpackungsmaschine, zum Beispiel, pflanzt zu Hause eigenes Bio-Gemüse und träumt davon, mit mediterranen Spezialitäten auf den Markt zu gehen.

·– Der Vernetzungskünstler –·

Bio-Eier sind gefragt; es gehen überdurchschnittlich mehr Bio-Eier über den Ladentisch als andere Bio-Produkte. Ob die Konsumenten punkto Bio-Ei sensibilisierter sind? Oder hat es etwas mit dem Engagement von Alfred Reinhard zu tun, der unermüdlich dafür arbeitet, dass biologisch produzierte Lebensmittel garantiert erhältlich und erschwinglich sind? Nicht nur für Privathaushalte, sondern auch für die Gastronomie und die Lebensmittelproduktion. Exklusivitätsdenken liegt ihm fern – «bio» ist erst sinnvoll, wenn

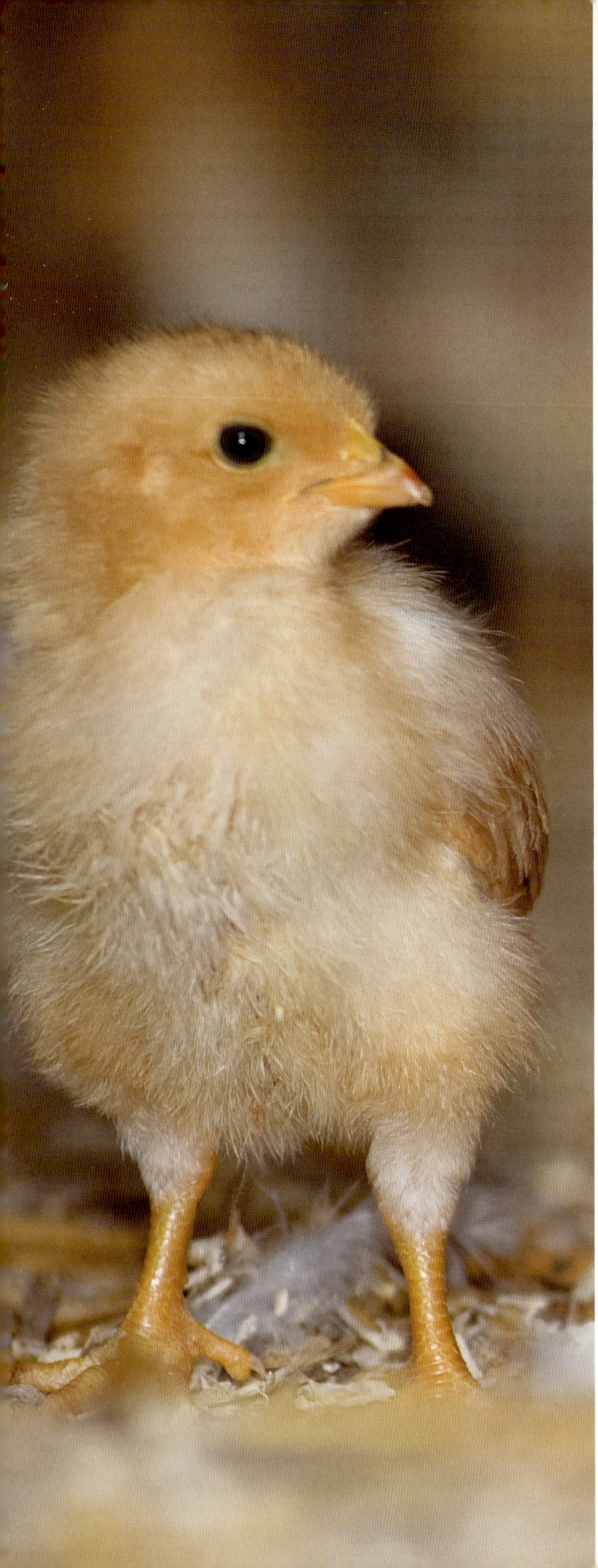

alle dazu Zugang haben. Und wenn die produzierenden Bauern nicht immer um ihr Einkommen bangen müssen. Sein Engagement hat für ihn persönlich einen Preis: Alfred Reinhard hat wenig Zeit – es gibt zu viele Projekte, in die er involviert ist. Dennoch philosophiert er gern über das, was ihn an der Bio-Branche besonders fasziniert: Mensch, Tier, Umwelt und Markt sind so vielschichtig miteinander verwoben, dass es nie nur eine Lösung geben kann. Gefragt sind Persönlichkeiten, die sich vom linearen Denken verabschiedet haben und vernetzt, zyklisch – wie immer man es nennen will – an die Dinge herangehen. So entstehen die Lösungen für Fragen unserer Zeit. Dabei darf man ruhig Geschäftsmann sein, auch wenn in einem drin das Herz des Bauern nie zu schlagen aufgehört hat und man noch immer als Erstes frühmorgens in den Stall geht, um bei den Tieren nach dem Rechten zu schauen.

Milch, Käse, Eier

MILCH

Milch ist für alle Säugetierjungen das Grundnahrungsmittel, welches alle lebensnotwendigen Stoffe enthält. Ob auch Erwachsene die sagenhafte Kalziumquelle nutzen wollen, hängt davon ab, ob sie Milch gut verdauen können. Oft werden gesäuerte Produkte besser vertragen.

Milch ist eine tierische Eiweiß- und Mineralstoffquelle – der Konsument entscheidet mit, wie das Leben eines Tieres aussieht. Milch und Milchprodukte von Tieren aus artgerechter Haltung sollten eine Selbstverständlichkeit sein.

Milchprodukte

Joghurt, Quark, Sauermilch, Kefir, Frischkäse und Käse, Butter, Rahm / Sahne, Doppelrahm/Crème double, Sauerrahm / Crème fraîche, Halbrahm, Kaffeerahm usw.

Inhaltsstoffe

Milchprodukte sind reich an Eiweiß, Milchfett, Kalzium und Vitamin A, B_2, B_{12} und D.

Kalzium ist unentbehrlich für den Knochenaufbau und die Zähne. Milchzucker unterstützt die Aufnahme von Nährstoffen, besonders von Vitamin D. Das Milchfett enthält essenzielle Fettsäuren. Aufgrund der Inhalts- / Nährstoffe ist die Milch ein Nahrungsmittel und kein Getränk. Wenn warme Milch pur, dann nur lauwarme, weil sie bekömmlicher ist.

Rohmilch, Pastmilch, UHT

·– Rohmilch –·

Die Rohmilch ist ein lebendiges Nahrungsmittel! Um unerwünschte Keime abzutöten und sie länger haltbar zu machen, wird die Milch pasteurisiert, homogenisiert oder ultra-hocherhitzt.

·– Pasteurisieren –·

Die Milch wird auf 72–78 °C erhitzt. Sie enthält danach noch ein paar Tausend Keime pro Milliliter. Sie muss kühl gelagert werden und ist rund 10 Tage haltbar.

·– UHT –·

Die Milch wird auf 140–150 °C erhitzt und danach abgekühlt. UHT-Milch ist gänzlich keimfrei und ohne Kühlung bis 6 Monate haltbar.

Bio-UHT-Milch: Sinn oder Unsinn?

Die Resultate der Vitalqualitäts-Untersuchung durch Ursula Balzer-Graf zeigen, dass Rohmilch sehr belebt ist und UHT-Milch einen verhärtenden Charakter hat. Allerdings hat diese Untersuchung auch gezeigt, dass der Qualitätsunterschied zwischen Rohmilch und homogenisierter Pastmilch größer ist als der zwischen Pastmilch und UHT-Milch. UHT-Milch ist unterdessen auch in Knospe-Qualität erhältlich; bei ihr ist der Schadstoffgehalt geringer als bei konventioneller Milch – sie ist aber ein «totes» Nahrungsmittel.

Süß- und Sauermolke, Buttermilch

Die Molke ist ein kalorienarmes, entschlackendes Getränk, das den Stoffwechsel anregt. Sie fällt bei der Käseherstellung an. Die Milch kann durch Zugabe von Milchsäurebakterien oder durch Lab (ein Enzym aus dem Kälbermagen) «dickgelegt» werden. Es entstehen so zwei Sorten von Trinkmolke: die Sauer- und die Labmolke. Molke enthält außer dem Molkeeiweiß nur wenig Milcheiweiß, aber kein Milchfett. Sie ist jedoch reich an Milchzucker, Kalium und Kalzium sowie an den Vitaminen B_1, B_6 und C. Buttermilch fällt bei der Herstellung von Butter an. Sie enthält kaum Fett, dafür hochwertiges Eiweiß sowie Vitamine und Mineralstoffe.

Pro- und Präbiotika, Milchsäurebakterien

Probiotika sind Lebensmittel, die lebende Mikroorganismen enthalten, meistens Milchsäure- und Bifidobakterien. Sie wandeln die im Gemüse enthaltenen Kohlenhydrate und den Milchzucker in der Milch in Milchsäure um. Dabei entstehen milchsauer vergorenes Gemüse wie Sauerkraut oder Milchprodukte wie Joghurt. Bei regelmäßigem Verzehr können sich die Bakterien in der Darmflora ansiedeln und deren Arbeit unterstützen. Sie stärken das Immunsystem.

Zur Herstellung probiotischer Lebensmittel werden die Milchsäure- und Bifidobakterien «Lactobacillus acidophilus» und «Lactobacillus casei» eingesetzt. Beide sind weniger säureempfindlich als die Bakterien, die normalerweise in der Joghurtherstellung eingesetzt werden. Sie überleben die saure Umgebung des Magens und erreichen den Dickdarm lebend. Gekochtes Sauerkraut und thermisierter Joghurt haben deshalb kaum eine Wirkung. Da die Keimzahl im Laufe der Zeit abnimmt, sollten probiotische Produkte nach dem Einkauf schon bald konsumiert werden. Präbiotika dagegen sind Ballaststoffe, die den Milchsäurebakterien als Nahrung dienen. Sie sind Verbindungen aus Fruchtzucker.

KÄSE

Der Käse ist das älteste und natürlichste Milchkonzentrat. Die Milch wird erhitzt und durch Lab, Milchsäurebakterien oder bestimmte Kräuter, die wie Lab wirken, von der Molke getrennt. Dann wird der Käsebruch/die Käsemasse je nach Käsesorte weiterbehandelt und gereift.

Inhaltsstoffe

Käse ist reich an Eiweiß, Fett, Mineralstoffen und Vitaminen. Gereifter Käse enthält keine Kohlenhydrate, Frischkäse jedoch schon, weil der Milchzucker, einziges Kohlenhydrat in der Milch, erst während der Käseherstellung durch die Milchsäurebakterien in Milchsäure umgewandelt wird.

Einteilung nach Fettgehalt in der Trockenmasse (Fett i. T.)

Der Käse wird in Fettgehaltsstufen eingeteilt, d. h. gemäß Fett i. T. (prozentualer Fettanteil nach Entzug des Wassers).

Doppelrahmkäse	> 650 g/kg	65 % Fett i. T.
Rahmkäse	550–649 g/kg	55 % Fett i. T.
Rahmquark	500 g/kg	50 % Fett i. T.
Vollfettkäse	450–549 g/kg	45 % Fett i. T.
Dreiviertelfettkäse	350–449 g/kg	35 % Fett i. T.
Halbfettkäse	250–349 g/kg	25 % Fett i. T.
Viertelfettkäse	150–249 g/kg	15 % Fett i. T.
Magerkäse, -quark	< 150 g/kg	

Frischkäse

Es gibt Käsearten, die schon unmittelbar nach der Herstellung genussfertig sind. Dazu gehören Quark, Mozzarella, Hüttenkäse/Cottage Cheese, Ricotta, Mascarpone und Blanc battu. Auch sie haben einen unterschiedlichen Fettgehalt.

Alternativen für Allergiker

·– Kuhmilch-Allergie –·
Schaf- oder Ziegenmilch und daraus hergestellte Produkte, Soja-, Reis, Hafer-, Mandelmilch

·– Milcheiweiß-Allergie –·
Soja-, Reis-, Hafer-, Mandelmilch

·– Milchfett-Allergie –·
Pflanzenmargarine ohne Butterzusatz
Magermilch und -produkte, Mandelmilch, Blanc battu

·– Milchzuckerunverträglichkeit –·
probiotische Milchprodukte

EIER

Ein Bio-Ei von einem glücklichen Huhn schmeckt nicht nur viel besser, es ist auch viel bekömmlicher. Die Bio-Zertifizierung garantiert artgerechte Haltung und Fütterung.

·– Weiterverarbeitungen –·
Eier sind in versteckter Form in vielen Produkten enthalten, z. B. in Backwaren, Fertigprodukten, Teigwaren.

·– Inhaltsstoffe –·
Das Eiklar besteht aus Eiweiß; Fett, Kohlenhydrate, Mineralstoffe und Vitamine sind in konzentrierter Form im Eigelb enthalten. Bei vollwertiger Ernährung mit viel Frischkost und Gemüse hat ein vernünftiger Eierkonsum keinen Einfluss auf den Cholesterinspiegel.

·– Lagerung und Küche –·
- Nur frische, d. h. maximal 21 Tage alte Eier verwenden. Eier enthalten in dieser Zeitspanne Enzyme, welche die Bildung von Keimen verhindern.
- Beim Aufschlagen der Eier die Schalen nicht mit dem Finger ausstreichen.
- Eier nach dem Kauf mit der Spitze nach unten im Kühlschrank aufbewahren.
- In der Küche auf Hygiene achten.

Frischkäse-Soufflé mit Kartoffeln

·–1–·

·–2–·

·–3–·

·–4–·

·–5–·

·–6–·

Mahlzeit

für 4 Portionenförmchen

200 g mehligkochende Kartoffeln
4 Eier, Eigelb und Eiweiß getrennt
4 EL Olivenöl extra vergine oder
40 g weiche Butter
150 g Frischkäse
3 EL fein gehackte Kräuter, z. B. Rosmarin, Petersilie, Thymian, Basilikum
3 EL geriebener Käse
frisch gemahlener Pfeffer
Meersalz
weiche Butter für die Förmchen

·–1–·

Die Kartoffeln schälen und in Würfel schneiden, im Dampf weich garen, noch heiß mit dem Kartoffelstampfer zerdrücken (Bild 1).

·–2–·

Den Backofen auf 180 °C vorheizen. Porzellanförmchen mit weicher Butter einfetten.

·–3–·

Eigelbe, Olivenöl, Frischkäse (Bild 2), Kräuter und Käse mit den Kartoffeln vermengen (Bild 3). Mit Pfeffer und Salz gut würzen. Eiweiß steif schlagen und unterziehen (Bilder 4, 5). Die Masse in die vorbereiteten Förmchen füllen (Bild 6).

·–4–·

Die Förmchen auf der zweituntersten Schiene in den Backofen schieben, Soufflés bei 180 °C etwa 30 Minuten backen. Nadelprobe machen. Sofort servieren.

Tipp

Mit einer Kürbis-, Zitronen- oder leichten Kräutersauce und einem bunten Salat servieren.

Sellerie-Piccata

Mahlzeit

2 Knollensellerie
Dinkelruchmehl/ Mehltype 1050
2–3 Eier
100 g geriebene Mandeln
2 unbehandelte Zitronen, abgeriebene Schale
fein gehackte Rosmarinnadeln
Meersalz

Bratbutter/Butterschmalz
Olivenöl extra vergine

·–1–·
Den Sellerie schälen und in etwa 7 mm dicke Scheiben schneiden, im Dampf nicht zu weich garen.

·–2–·
Eier verquirlen, Mandeln, Zitronenschale und Rosmarin untermischen, abschmecken.

·–3–·
Die Selleriescheiben zuerst im Mehl, dann in der Mandelmischung wenden.

·–4–·
Selleriescheiben in einer Mischung aus Bratbutter und Olivenöl bei mittlerer Hitze beidseitig knusprig braten.

Variante
Sellerie durch Kohlrabi ersetzen.

Abbildung

Avocado-Roquefort-Mousse

Aperitif/Vorspeise/ für zwischendurch

1 reife Avocado
50 g Roquefort
Kräutermeersalz
frisch gemahlener Pfeffer
einige Tropfen Zitronensaft

Sprossen für die Garnitur
Radieschen für die Garnitur

4 Scheiben Vollkornbrot

·–1–·
Avocado halbieren, Stein entfernen, Fruchtfleisch aus der Schale lösen.

·–2–·
Avocado und Roquefort mit einer Gabel grob zerdrücken, mit Kräutersalz, Pfeffer und Zitronensaft abschmecken.

·–3–·
Die Brotscheiben toasten.

·–4–·
Mousse auf die Toastscheiben verteilen, mit den Sprossen und Radieschenscheiben garnieren.

Lauchsalat mit warmem Ziegenfrischkäse

kleine Mahlzeit

400 g Lauch
2 dl/200 ml Gemüsebrühe
6 getrocknete Tomaten
2 EL geröstete Pinienkerne
2 EL Kapern
1 Bund Schnittlauch

Sauce
2 EL Balsamico
Kräutermeersalz
frisch gemahlener Pfeffer
4 EL Olivenöl extra vergine

4 kleine Ziegen- oder Kuhmilchfrischkäse, Typ Formaggini
Olivenöl extra vergine
frisch gemahlener Pfeffer
1 EL flüssiger Honig oder 1 EL Balsamico

·–1–·
Tomaten 30 bis 60 Minuten in einer kleinen Menge warmem Wasser oder warmer Gemüsebrühe einweichen, Tomaten in feine Streifen schneiden. Schnittlauch fein schneiden.

·–2–·
Die grobfasrigen Blätter beim Lauch entfernen, Stangen längs halbieren, dann quer in 8 cm lange Stücke und diese längs in feine Streifen schneiden. In der Gemüsebrühe knackig garen, abgießen und die Flüssigkeit auffangen (für eine Suppe verwenden), noch lauwarm mit der Sauce vermengen.

·–3–·
Ziegenfrischkäslein in wenig Olivenöl kurz braten, mit Pfeffer würzen und mit Honig oder Balsamico beträufeln.

·–4–·
Noch lauwarmen Lauchsalat auf Tellern anrichten, mit getrockneten Tomaten, Pinienkernen, Kapern und Schnittlauch bestreuen, den lauwarmen Ziegenfrischkäse darauflegen. Sofort servieren.

Apfel-Quark-Auflauf

kleine Mahlzeit

3 Eigelbe
100 g Lindenblütenhonig
oder Akazienhonig
60 g erkaltete flüssige Butter
1 Zitrone,
abgeriebene Schale
60 g Dinkelvollkorngrieß
oder Dinkelvollkornmehl
500 g Vollmilchquark
80 g Rosinen
3 Eiweiß

4 Äpfel
4 EL rote Konfitüre

·–1–·
Den Backofen auf 180 °C vorheizen. Eine Gratinform mit Butter einfetten.

·–2–·
Eigelbe und Honig luftig aufschlagen. Butter, Zitronenschale, Grieß, Quark und Rosinen unterrühren. Das Eiweiß steif schlagen und unterziehen.

·–3–·
Das Kerngehäuse der Äpfel ausstechen, mit der roten Konfitüre füllen.

·–4–·
Die Auflaufmasse in die vorbereitete Form füllen, Äpfel daraufsetzen.

·–5–·
Apfelauflauf in der Mitte in den Ofen schieben und bei 180 °C 45 bis 50 Minuten backen. Nadelprobe machen.

Tipp
Mit einer Fruchtsauce servieren.

Zucchini-Frittata mit Peperoncini

kleine Mahlzeit

4–6 EL Olivenöl extra vergine
2 mittelgroße Zucchini
2 Knoblauchzehen
1 mittelgroße rote Zwiebel, fein gewürfelt
1 roter Peperoncino, längs aufgeschnitten, entkernt, in Streifchen
4 EL fein geschnittene Kräuter
6 Eier
4 EL Rahm / Sahne
frisch gemahlener Pfeffer
2–4 EL Olivenöl extra vergine zum Braten

·–1–·
Den Backofen auf 220 °C vorheizen.

·–2–·
Zucchini beidseitig kappen, auf dem Gemüsehobel fein hobeln. Knoblauchzehen dazupressen.

·–3–·
Zucchini, Zwiebeln und Peperoncini im Olivenöl 3 bis 4 Minuten dünsten, abkühlen lassen, Kräuter untermischen.

·–4–·
Eier und Rahm verquirlen, Zucchini unterrühren, mit Pfeffer abschmecken.

·–5–·
Olivenöl auf 2 beschichtete Bratpfannen verteilen (oder Frittata nacheinander zubereiten), die Masse zufügen, bei mittlerer Hitze stocken lassen. Frittata im Ofen bei 220 °C 5 Minuten fertig backen.

Tipp
Schmeckt lauwarm und kalt.

Blumenkohlpie

Mahlzeit

für eine Springform von 28 cm Durchmesser

400 g gekaufter Butterblätterteig

2 EL Olivenöl extra vergine
2 Knoblauchzehen, fein gewürfelt
wenig frisch geriebener Ingwer
1 Blumenkohl, ca. 500 g
1 dl/100 ml Weißwein
wenig Gemüsebrühe
4 Eigelbe
400 g Ricotta
4 EL geriebener Sbrinz oder Parmesan
1 Zitrone, abgeriebene Schale
Salz
frisch gemahlener Pfeffer
Muskatnuss
Paprikapulver
1 Eiweiß

1 Eigelb zum Bepinseln

·–1–·
Blumenkohl in kleine Röschen teilen.

·–2–·
Knoblauch und Ingwer im Olivenöl andünsten, Blumenkohl mitdünsten, Weißwein und wenig Gemüsebrühe zugeben, Blumenkohl bei schwacher Hitze knackig garen. Es soll keine Flüssigkeit übrig bleiben. Auskühlen lassen. Ein Drittel der Röschen hacken, den Rest ganz lassen.

·–3–·
Backofen auf 180 °C vorheizen. Boden der Springform mit Backpapier belegen.

·–4–·
Eigelbe, Ricotta, Sbrinz und gehackten Blumenkohl mischen, würzen. Eiweiß steif schlagen und unterziehen.

·–5–·
Teig portionieren: 150 g Teig für den Deckel, den Rest für den Boden. Für den Boden Teig auf der leicht bemehlten Arbeitsfläche so groß ausrollen, dass man einen 4 bis 5 cm hohen Rand bekommt. Teigrondelle in die Form legen. Den Boden mit einer Gabel ein paarmal einstechen. Ricotta-Blumenkohl-Masse auf dem Teigboden verteilen, restlichen Blumenkohl darauflegen. Den Teig für den Deckel auf der leicht bemehlten Arbeitsfläche auf Formgröße ausrollen und auf die Füllung legen. Den Rand des Deckels anfeuchten, den Rand des Bodens darüberlegen und andrücken. Den Deckel mit Eigelb bepinseln und mit einer Gabel ein paarmal einstechen.

·–6–·
Die Blumenkohlpie in der Mitte in den Ofen schieben, bei 180 °C 40 bis 45 Minuten backen.

Feiner Honigflan

Dessert

für 6 Portionenförmchen

2½ dl / 250 ml Milch
4 Eier
3 EL Blüten- oder Orangenblütenhonig
1 Orange oder 1 Zitrone, wenig abgeriebene Schale

·–1–·
Die Portionenförmchen (Souffléförmchen) mit Butter einfetten.

·–2–·
Den Backofen auf 100 °C vorheizen.

·–3–·
Alle Zutaten mit dem Schneebesen oder mit dem Handrührgerät gut verrühren, in die Förmchen füllen.

·–4–·
Die Souffléförmchen in eine ofenfeste Form oder in ein tiefes Backblech stellen, bis auf ¾ Höhe der Förmchen mit Wasser füllen. Die Honigflans im Ofen bei 100 °C etwa 110 Minuten pochieren.

Tipp
Mit einer Fruchtsauce servieren.

Früchte

Im Apfelparadies

·– Erntezeit –·

Über dem Hof liegt eine Duftwolke von frisch gepresstem Most, eine fruchtige Süße, die gut zum hellen Septemberlicht und den vorbeiziehenden Vogelzügen passt. Es ist Herbst, die strengste Zeit für einen Obstbauern. Luzia Meili ist mit der kleinen Marina am Abfüllen des unpasteurisierten urtrüben Saftes aus dem großen 120-Liter-Fass in 5-dl-Petflaschen. «Allem Anschein nach ist der Most ein Verkaufshit», stellt Christoph Meili verschmitzt fest. «In der Region, wo wir ihn anbieten, rufen alle nach Nachschub.» So muss nun die gelernte Uhrmacherin, die als Mutter von drei kleinen Kindern noch nicht überall Hand anlegen kann, wieder ein paar Harasse davon bereitstellen.

Christoph Meili kann sich heute Nachmittag etwas Zeit nehmen, auf der Plantage ist wider Erwarten wenig zu pflücken. Dafür wird es dann am Abend streng, wenn man das Emd hereinholen wird. Meilis betreiben einen Biohof mit Milchkühen, Ackerbau – und dem Schwerpunkt, an den sich nicht viele wagen: biologisches Tafelobst. Die vielen möglichen Krankheiten und Schädlinge, die nicht ganz einfache Lagerung und die Ansprüche der Konsumenten machen das Ganze zu einer echten Herausforderung.

·– Planungssitzungen mit dem Maikäfer –·

In unmittelbarer Nähe des Stalles liegt der ursprüngliche Baumgarten; die mächtigen alten Bäume stehen voll behangen – Äpfel, Nüsse, Birnen und Zwetschgen für den Eigenbedarf. Die Plantage wurde etwas vom Haus entfernt angelegt, aber in Sichtweite. Hier sind die Niederstammkulturen, hauptsächlich Äpfel und Birnen. Etwa ein Zwölftel der Anbaufläche ist leer. «Da habe ich im vergangenen Herbst nach der Ernte einen wohlgereiften Entscheid umgesetzt. Diese Sorte musste weg – sie gedieh einfach nicht auf meinem Boden.» Und weil heuer ein Engerlingjahr war, wurden die neuen Bäumchen noch nicht gesetzt. Ein einziger Engerling kann nämlich ein junges Bäumchen ohne weiteres zur Strecke bringen. Unterdessen erwarten die Jungbäume in der selbstverständlich

ebenfalls nach Bio-Richtlinien betriebenen Baumschule, wo sie auf Christoph Meilis Bestellung hin gezogen wurden, den Herbst, um dann gepflanzt zu werden. Dann werden sich die Engerlinge verpuppt haben und die feinen Würzelchen in Ruhe lassen. Damit haben wir bereits einen wichtigen Widersacher kennengelernt: Den Maikäfer. Bei der Arbeit im Baumgarten muss sein Dreijahreszyklus berücksichtigt werden. Zum Teil versucht man ihn auch in Flugjahren mit Bodennetzen daran zu hindern, dass er Eier legen kann, was aber äußerst aufwendig ist und nicht flächendeckend klappt. Deshalb schafft es der Maikäfer immer wieder, für eine hoffnungsfrohe Zukunft seiner Nachkommenschaft zu sorgen.

·– Wagnis Bio-Obst –·

Im Jahr 1900 kaufte der Urgroßvater diesen Hof, der in einem Weiler etwas außerhalb der Ortschaft liegt. Schon Christophs Vater hielt sich nie an die Empfehlungen der Berater; er spritzte und düngte immer weniger als die andern und bewirtschaftete den Hof so mit wenig Chemie. Nach der landwirtschaftlichen Lehre brachte ein Praktikum auf einem Biohof Sohn Christoph dann zum Nachdenken. Das Selbstwertgefühl der Bauern war auf einem Tiefpunkt angelangt, als die Bio-Bewegung plötzlich an Bedeutung zu gewinnen begann. Bio-Bauern waren gesucht. Seine Liebe zum Obstbau hätte er auf konventionelle Art nie zu einem Produktionsschwerpunkt gemacht – der Markt war übersättigt. Im Biobereich jedoch war die Aussicht rosiger – auch wenn der Weg steiniger war. Christoph Meili reizte die Herausforderung. Während der konventionelle Obstbauer spritzt, bevor er denkt, muss der biologische Obstbauer zuerst denken – und dann mit den viel sanfteren Pflanzenextrakten, biologischen Nützlingen, Seife, Tonerde und minimsten Dosen der erlaubten Hilfsstoffe wie Schwefel oder Kupfer zu einem Resultat kommen.

Ob das klappen würde? Die Mutter entpuppte sich plötzlich als entscheidende und treibende Kraft. Im Geheimen hatte sie sich immer nach einer naturnahen Anbauweise gesehnt. Vor fünfzehn Jahren wurde dann auf Bio umgestellt. Unterdessen ist Christoph Meili ein erfahrener Obstproduzent, der mit natürlichen Hilfsstoffen und mit vielfältigen Begleitmaßnahmen sein Ziel zu erreichen versucht.

Er tauscht sich immer wieder gerne mit Fachkollegen aus. Die Natur ist noch lange nicht überall ganz zu verstehen, weshalb bei Obstbauern oft genauso viele Meinungen wie Anwesende im Raum sind. Es ist halt einfach so: Jeder muss, abgestimmt auf seinen Boden und die klimatischen Verhältnisse, das für ihn Beste herausfinden.

·– Die Begleitmaßnahmen –·

Ein paar Grundregeln aber gibt es schon. Zum Beispiel die Sortenwahl. Mit Golden, Gala, Braeburn & Co muss man gar nicht erst anfangen: Diese Sorten sind nicht robust genug und gelingen bei unserem Klima nur im konventionellen Anbau. Es gibt jedoch genügend starke alte Sorten wie Kidds Orange, Idared, Boskop und Jonathan. Und es gibt Neuzüchtungen, die zum Beispiel schorfresistent und qualitativ hervorragend sind, wie Topaz, Florina, Otava. Erschwerend für die gewerbliche Obstproduktion ist der Umstand: Je mehr, desto anfälliger ... So verwundert es nicht, dass ein Einzelbaum einer Sorte gedeihen kann, während sie in der Plantage nur Schwierigkeiten macht.

Aber auch die Baumerziehung ist ein wesentlicher Faktor für gutes Gelingen. Dazu gehören eine gute Durchlüftung des Baumes und ein sachgemäßer Schnitt, der das Laub nach Regenfällen rasch abtrocknen lässt und so Pilzen keine Chance gibt. Und dann die Nützlingsförderung! Durch ein natürliches Gleichgewicht im Boden und am Baum versucht man die Schädlinge an der Ausbreitung zu hindern und das Bodenklima zu optimieren. Hecken und Hacken sind da genauso hilfreich wie ein etappenweises Mähen des Grases und ein vielfältiger Wiesenbestand in den Baumgärten. So finden die kleinen Helfer immer einen Unterschlupf und lassen die Plantage nicht auf einen Schlag im Stich.

Regenflecken und Schorf sowie Mehltau und verschiedenste Insekten, aber zum Teil auch Engerlinge und Mäuse gehören zu den großen Herausforderungen für einen Bio-Obstbauern. Hier appelliert Christoph Meili an die Konsumenten: Je höher der Anspruch an makelloses Obst ist, desto weniger ökologisch kann gearbeitet werden und desto teurer wird ein Apfel. Da und dort die Spur eines lebhaften Frühlings oder Sommers sollte der Käufer akzeptieren können. Nun, wo man in Sachen Frische einen bedeutenden Schritt weitergekommen ist: Knackig saftiges Obst ist dank gekühlter Lagerung unter Sauerstoffentzug bis in den Sommer hinein möglich. Christoph Meili kann in seinen beiden Kühlräumen mit relativ kleinem Energieaufwand bis in den Januar hinein das Obst frisch halten. Was seinen Bedarf übersteigt, verkauft er ab Ernte an die Biofarm, die das Obst an zentraler Lage in der Ostschweiz (Leimbach TG) im Auftrag lagert und später sortieren lässt.

·– Mit dem Feuerbrand auf Du und Du –·

Und dann kommen wir auf das Thema, das alle Obstbauern beschäftigt: den Feuerbrand. Letztes Jahr wurde ihm diesbezüglich eine rechte Lehre erteilt. Aber dafür weiß er nun besser Bescheid. In einem Leserbrief äußerte er sich sinngemäß so, dass die Bio-Bauern schon lernen würden, mit dem Feuerbrand umzugehen – und damit zur Gefahr für Berater und Chemielobby werden könnten. Denn Antibiotika seien vielleicht kurzfristig, aber sicher nicht auf Dauer eine Lösung! Nach einer ersten ernstzunehmenden Feuerbrand-Bekanntschaft im Vorjahr verhagelte es ihm dann seine Bäume, die Äpfel wurden für Infektionen anfällig und er konnte den Feuerbrand nicht mehr unter Kontrolle halten. Mehrere Bäume mussten schließlich gefällt werden. Zuerst wurde er vor dem Ernst der Lage ganz klein – hatte er den Mund wohl doch zu voll genommen? Doch dann fand er zu einer positiven Einstellung zurück, nun um einige Erfahrungen reicher. Denn wieder: Da man nicht mit der Gift- oder Medikamentenkeule kommen kann, muss man genau beobachten und lernt so seinen Herausforderer kennen. Seine Erkenntnisse sind denn auch hilfreich: Die üblichen biologischen Mittel taugen noch zu wenig. Hoffnung setzt er in Löschkalk und Hanfextrakt; nur sind diese nicht zugelassen... und so kostengünstig, dass sich niemand für sie stark macht. Unterdessen ist man aber in der Sache politisch aktiv geworden. Ebenfalls wichtig ist, befallene Zweige sofort herauszuschneiden. Oft kommt dann der Baum mit etwas Unterstützung mit der Sache selber zurecht. Und auch hier gibt es wieder Sorten, die sich besser wehren, und andere, die nicht damit umgehen können. Vor allem alte Bäume haben bessere Chancen. Bei ihnen kann beobachtet werden, dass einzelne befallene Blüten und Blätter vom Baum abgestoßen werden. Nach diesem «Lehrjahr» hat Christoph Meili noch größeres Vertrauen in die Natur gewonnen. Es gibt immer eine Lösung, wenn man wach beobachtend mit der Natur Hand in Hand arbeitet.

·– Kreative Vermarktungsideen –·

Auf Meilis Hof werden auf zwei Hektaren ungefähr 65 Tonnen Obst geerntet; 40 Tonnen davon gehen als Tafelobst in der Direktvermarktung oder via Bio-Läden direkt zum Konsumenten, 20 Tonnen werden zu Most gepresst, 5 Tonnen gehen an die Biofarm und werden dort zu köstlichen gedörrten Apfelringli verarbeitet oder wandern in die Müeslimischung, werden zu Apfelmus, kommen in Kuchen oder ins Tuttifrutti. Dank der Biofarm muss nicht alles Obst, das die hohen Tafelobstnormen nicht erfüllt, gleich zu Mostobst deklassiert werden. Die Wertschöpfung mit den Trockenprodukten ist viel größer, das Gefühl des Bauern entsprechend positiver.

Die Genossenschaft Biofarm ist ein wichtiger Grund, warum es Christoph Meili mit dem Obst schafft. Er wird als Produzent optimal unterstützt, sei es durch die Übernahme des zu verarbeitenden Obstes, durch die Vermarktung größerer Mengen Tafelobst von gut gedeihenden Sorten oder durch die Beratung, etwa bei der Sortenwahl oder der Qualitätssicherung.

Als Einzelkämpfer wäre es ungemein schwieriger; andere Großabnehmer bieten wenig Unterstützung für «Kleinproduzenten» und Direktvermarkter. Wobei ihn gerade die Vermarktungsfragen sehr interessieren. In welcher Form muss das Obst daherkommen, damit die Konsumenten Lust auf Bio haben? Die mit goldenem urtrübem Most gefüllten Pet-Flaschen für den Rucksack sind ein Resultat dieser heimlichen Leidenschaft, die für einen Bauern Gold wert sein kann.

Wann kommen ihm diese Ideen? Mitten in der hektischen Erntezeit oder dann, wenn der Winter Ruhe in die Anlagen einkehren lässt und der Bauer sich darüber freut, dass er etwas weniger Druck hat? Oder etwa im Frühling, wenn alles in Blüte steht und man mit Schwung in ein neues Obstjahr startet?

Im Paradies sollen sich unsere Vorfahren ausschließlich von Früchten ernährt haben. Eine Frucht soll dann aber auch zum Fall geführt haben... In jeder Frucht steckt ein Stück Paradies, das sich dem Genießenden auftut: Ob süß, säuerlich, angenehm erfrischend, Früchte beleben den Organismus und schenken ihm – neben den vielen wichtigen Inhaltsstoffen – konzentrierte Sonnenkraft. Und Bio-Früchte sind besonders reich an bioaktiven Substanzen. Interessanterweise war auch eine Frucht, die Banane, Initialzündung für den fairen Handel.

Einheimisches Obst

Apfel, Aprikose, Birne, Kirsche, Pfirsich, Pflaume, Quitte, Reineclaude, Weichsel, Zwetschge

Es ist darauf zu achten, dass das Obst stets reif und frisch ist. Regionale und saisonale Produkte mit möglichst kurzen Transportwegen vorziehen; sie sind bezüglich Bekömmlichkeit und Aroma nicht zu übertreffen. Die meisten Äpfel und Birnen eignen sich als Lagerobst (dunkel und kühl); Ernteüberschüsse können auf unterschiedlichste Arten haltbar gemacht werden. Kleinhaushalte decken sich mit Vorteil mit kleineren Mengen stets frisch ein, um einen Vital- und Nährstoffverlust infolge zu langer Lagerung zu vermeiden.

·– Inhaltsstoffe –·

Ballaststoffe, Mineralstoffe, Vitamine, Enzyme

Nüsse, Kerne und Samen

Baumnüsse/Walnüsse, Cashewkerne, Erdnüsse, Haselnüsse, Kastanien, Mandeln, Mohnsamen, Paranüsse, Pecannüsse, Pinienkerne, Pistazien, Sesamsamen, Sonnenblumenkerne

Geschälte beziehungsweise gemahlene Nüsse kühl und dunkel aufbewahren; ideal ist der Kühlschrank. Gut geschützt sind die wertvollen Inhaltsstoffe auch in der noch intakten Schale.

·– Inhaltsstoffe –·

Mit 10 bis 20 % haben die Nüsse einen außerordentlich hohen Anteil an lebenswichtigen Aminosäuren (Eiweiß). Viele Nüsse enthalten alle acht für den Erwachsenen lebenswichtigen Eiweißbausteine. Nüsse sind zudem reich an Mineralstoffen, Spurenelementen und Vitaminen. Sie enthalten 50 bis 70 % Fett mit einem hohen Anteil an einfach und mehrfach ungesättigten Fettsäuren.

Beeren

Brombeere, Erdbeere, Hagebutte, Heidelbeere, Himbeere, Holunderbeere, Johannisbeere, Preiselbeere, Schlehdornbeere, Stachelbeere

Die Beeren zählen zu den Top-Ten-Lebensmitteln in der Krebsprävention. Viele Beeren (Brombeeren, Erdbeeren, Heidelbeeren, Johannisbeeren...) können frisch (roh) gegessen werden. Andere haben einen so hohen Anteil an Gerbstoffen, dass sie entweder zuerst einen Kälteschock (Frost) brauchen oder gekocht (Preiselbeeren, Sanddorn, Vogelbeere) werden müssen, damit sie uns schmecken.

·– Inhaltsstoffe –·

Vitamine A und C und solche der B-Gruppe, Spurenelemente, Enzyme

Exoten, Süd- und Zitrusfrüchte

Acerola, Ananas, Avocado, Banane, Bitterorange, Cherymoya, Dattel, Feige, Granatapfel, Grapefruit, Guave, Kaki, Kiwi, Kumquat, Limette, Litchi, Mandarine, Mango, Melone, Orange, Papaya, Passionsfrucht, Zitrone

·– Inhaltsstoffe –·

Geballte Ladung an Vitalstoffen, Vitaminen und Enzymen

·– Reifegrade bei Importen –·

Unter Berücksichtigung des langen Transportweges müssen die meisten Früchte in den Anbauländern meist unreif geerntet werden. Sie erreichen die Essreife entweder während der Reise oder später in Reifungshallen am Bestimmungsort. Tropische Früchte schmecken am besten, wenn sie reif bis überreif sind.

·– Spezialfall Bananen –·

Die Banane ist eine phänomenale Frucht: Ihr Reichtum an Mineralstoffen, insbesondere Kalium, und ihre gute Verträglichkeit zeichnen sie aus. Die Banane ist aber auch ernsthaft bedroht: Ein Schädling macht ihr das Leben derart schwer, dass jeder Baum einzeln vor Befall geschützt werden muss. Auch im Bio-Anbau kommt man nicht ohne Chemie aus.

Trockenfrüchte

Apfel, Ananas, Aprikose, Banane, Birne, Dattel, Feige, Kirsche, Mango, Papaya, Pflaume, Traubenbeere (Rosinen, Sultaninen, Korinthen), Zwetschge

·– 7 Pluspunkte für Trockenfrüchte –·

1. Älteste Konservierungform durch Sonnenwärme.
2. Wertvolle Energiespender. Das Trocknen führt automatisch zu einer Zuckerkonzentration, vor allem des Trauben- und Fruchtzuckers. Die Einfachzucker (Monosacharide) werden schnell in Wärme und Energie umgewandelt: ideal als Zwischenverpflegung für Sportler, Schüler und Wanderer. Reich an Mineralstoffen, insbesondere an Eisen.
3. Trockenfrüchte sind basisch.
4. Trockenfrüchte regen die Verdauung an.
5. Die Inhaltsstoffe, die in der frischen Frucht enthalten sind, bleiben weitgehend erhalten. Zu einer starken Verminderung kommt es allerdings durch nachträgliches Kochen.
6. Schwangere und Frauen mit einem Eisenmangel finden in Dörrfrüchten eine natürliche Eisenquelle.
7. Einfache, platzsparende Lagerung von Nahrungsmitteln.

·– Problem Schwefelung –·

Konventionelle Dörrfrüchte werden zur Erhaltung der hellen Farbe und zum Schutz gegen Schädlinge mit Schwefeldioxid behandelt. Die Behandlung zerstört das Vitamin B und kann allergische Reaktionen sowie Kopfschmerzen auslösen.

Birnenkuchen

–1–

–2–

–3–

–4–

–5–

–6–

–7–

–8–

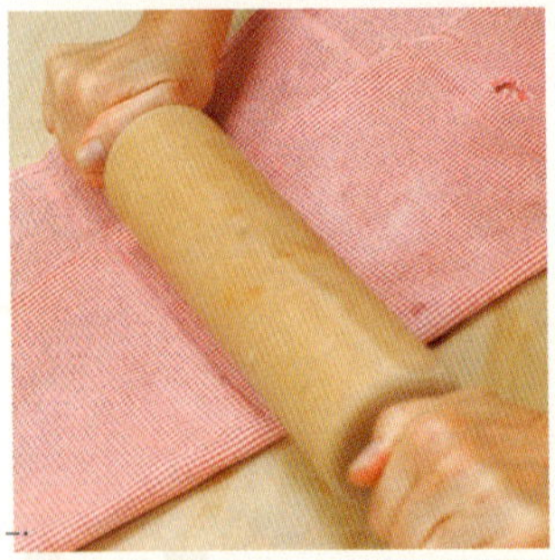
–9–

–10–

–11–

–12–

–1–

Für den Mürbeteig Mehl, Zucker, Backpulver und Salz in einer Schüssel mischen, Butterstückchen zugeben (Bild 1) und mit dem Mehl krümelig reiben (Bild 2), Eier zugeben (Bild 3), zu einem Teig zusammenfügen, eine Kugel formen (Bild 4), Teig in eine Klarsichtfolie einwickeln (Bild 5). 1 Stunde oder länger kühl stellen.

–2–

Teig zwischen zwei Klarsichtfolien von Hand auf Formgröße drücken (Bilder 6, 7), in die mit Backpapier belegte Form legen. Oder den Mürbeteig mit einem kleinen Teigholz direkt in der mit Backpapier belegten Form ausrollen.

–3–

Den Backofen auf 180 °C vorheizen.

–4–

Für den Belag Crème fraîche, Eier und Zucker verquirlen.

–5–

Die Nüsse in ein Küchentuch einschlagen und mit dem Teigholz fein zerstoßen (Bilder 8, 9).

–6–

Geriebene Nüsse auf den Teigboden verteilen (Bild 10). Die Birnen ungeschält vierteln und entkernen, Fruchtviertel in Spalten schneiden und kreisförmig auf den Teig legen (Bild 11), den Guss darübergießen (Bild 12).

–7–

Den Birnenkuchen in der Mitte in den Ofen schieben, bei 180 °C 40 bis 45 Minuten backen. Zum Erkalten sofort auf ein Kuchengitter legen.

für ein Kuchenblech von 28 cm Durchmesser

Mürbeteig

250 g Dinkelvollkornmehl
2 EL Rohrohrzucker
1 Msp phosphatfreies Backpulver
1 Prise Meersalz
60 g kalte Butterstückchen
2 Freilandeier

Füllung

2 EL Vollkornbrösel (nur bei Beeren)
30 g geriebene Haselnüsse oder Baum-/Walnüsse
1 Prise Zimtpulver
1–2 dl/100–200 ml Crème fraîche/Sauerrahm (1 dl/100 ml bei Beeren)
2 Eier
2 EL Rohrohrzucker oder Akazienblütenhonig
500 g feste Birnen (können durch Äpfel oder Aprikosen, Johannisbeeren oder Heidelbeeren ersetzt werden)

Beerenparfait

·–1–·

·–2–·

·–3–·

·–4–·

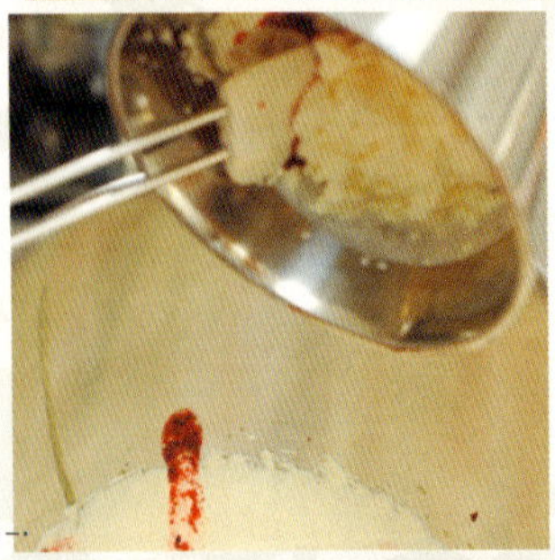
·–5–·

·–6–·

4 Eigelbe
125 g Akazienblütenhonig
600 g Beeren, z. B. Erdbeeren, Himbeeren, Heidelbeeren
2½ dl / 250 ml Rahm / Sahne, steif geschlagen

Beeren für die Garnitur
Beerenschnaps
wenig Akazienblütenhonig

·–1–·
Die Beeren pürieren (Bild 1).

·–2–·
Die Eigelbe mit dem Blütenhonig in einer Rührschüssel über dem kochenden Wasserbad cremig aufschlagen (Bilder 2, 3). Die Schüssel von der Wärmequelle nehmen und weiterrühren, bis die Eigelbmasse abgekühlt ist.

·–3–·
Den Rahm steif schlagen.

·–4–·
Das Beerenpüree und den Schlagrahm vorsichtig unter die erkaltete Eigelbcreme ziehen (Bilder 4, 5, 6).

·–5–·
Parfaitmasse auf die Förmchen verteilen, im Tiefkühler 4 Stunden fest werden lassen.

·–6–·
Die Förmchen 10 Minuten vor dem Servieren in den Kühlschrank stellen. Die Beeren für die Garnitur mit Beerenschnaps und wenig Akazienblütenhonig marinieren. Oder die Beeren kurz erwärmen.

·–7–·
Rand der Beerenköpfchen mit einem Messer lösen, die Köpfchen auf die Teller stürzen, mit den marinierten Beeren umgeben.

Rotweinbirnen mit Trockenfrüchten

Dessert

1 l kräftiger Rotwein
4–5 EL Blütenhonig
2 Zimtstangen
1 Vanilleschote, aufgeschnitten
2 Gewürznelken
4 feste Birnen
einige getrocknete Aprikosen
einige getrocknete Pflaumen

1 Orange

·–1–·
Rotwein aufkochen, bei mittlerer Hitze auf zwei Drittel einkochen lassen. Honig unterrühren, die Gewürze zufügen.

·–2–·
Birnen schälen, halbieren oder vierteln, das Kerngehäuse entfernen. Die Birnen in den Rotweinfond legen, aufkochen, bei schwacher Hitze pochieren, bis die Birnen weich sind. Trockenfrüchte zufügen. Über Nacht zugedeckt marinieren.

·–3–·
Gewürze entfernen, Birnen anrichten. Orange in Spalten schneiden, entkernen und als Garnitur dazulegen.

Abbildung

Feigencarpaccio mit Mangos

Dessert

2 Flugmangos
4 frische Feigen
1 Zitrone, Saft
2 EL Kokosnussflocken

Minze für die Garnitur

·–1–·
Die Mangos schälen, das Fruchtfleisch vom flachen Stein schneiden und würfeln. Den Stielansatz der Feigen wegschneiden, Früchte in Scheiben schneiden.

·–2–·
Feigenscheiben auf Tellern anrichten, Mangowürfelchen in die Mitte geben, mit Zitronensaft beträufeln, Kokosnussflocken darüberstreuen, mit Minze garnieren.

Flugmangos
Im Herkunftsland gereifte Mangos, welche auf dem schnellsten Weg ins Bestimmungsland gelangt sind.

Himbeerköpfchen

Dessert

250 g Himbeeren
3½ dl / 350 ml ungezuckerter Ananassaft
1 EL Agavendicksaft
1 TL Agar-Agar-Pulver

Schlagrahm / -sahne für die Garnitur

·– **1** –·

Die Hälfte der Himbeeren und 1 dl / 100 ml Ananassaft in einer kleinen Pfanne köcheln, bis die Beeren zerfallen sind. Eventuell durch ein Sieb streichen.

·– **2** –·

Himbeerpüree / -saft mit restlichem Ananassaft aufkochen, Agavendicksaft und das mit wenig Wasser angerührte Agar-Agar-Pulver unterrühren, 2 Minuten köcheln lassen. Restliche Beeren unterrühren, in Portionenförmchen füllen. Beerenköpfchen bei Zimmertemperatur abkühlen lassen, dann kühl stellen.

·– **3** –·

Himbeerköpfchen auf Teller stürzen, mit Schlagrahm garnieren.

Heidelbeerquark

Dessert

600 g Vollmilchquark
4–6 EL Akazienhonig
2 Msp Vanillepulver
300 g Heidelbeeren oder andere Beeren
1 Handvoll Baumnuss-/Walnusskerne, grob gehackt

Quark, Honig und Vanillepulver glatt rühren. Heidelbeeren unterrühren, mit den Nüssen garnieren.

Bratapfel mit Vanillesauce

Dessert

4 Äpfel

Füllung
2 EL flüssige Butter
2 EL feine Haferflocken
4 EL gehackte Nüsse, Sorte nach Belieben
2 Prisen Zimtpulver
2 EL Akazienhonig

flüssiger Rahm/flüssige Sahne
2 Prisen Vanillepulver
wenig Akazienhonig

--1--
Backofen auf 220 °C vorheizen.

--2--
Für die Füllung alle Zutaten verrühren.

--3--
Kerngehäuse der Äpfel ausstechen, mit der Nussmasse füllen. Gefüllte Äpfel in eine Gratinform stellen.

--4--
Die gefüllten Äpfel im vorgeheizten Ofen bei 220 °C 20 bis 25 Minuten braten, je nach Apfelgröße.

--5--
Flüssigen Rahm mit Vanillepulver und Honig abschmecken. Bratäpfel mit dem flüssigen Rahm übergießen und sofort servieren.

Zwetschgen mit Honig-Grieß-Kruste

Dessert
für 4 Portionenformen

600 g reife Zwetschgen

60 g Dinkelvollkorngrieß
1 Msp Zimtpulver
½ Orange, abgeriebene Schale
10 grob gehackte Baunuss-/Walnusskernhälften
2–3 EL flüssiger Honig
2–3 EL Milch

–1–
Den Backofen auf 200 °C vorheizen. Die Formen mit Butter einfetten.

–2–
Zwetschgen halbieren und entsteinen, Stielansatz wegschneiden, Fruchthälften halbieren, in die Formen stellen. Im Ofen bei 200 °C 10 Minuten garen.

–3–
Für die Kruste alle Zutaten verrühren, zwischen die Früchte verteilen.

–4–
Die Formen wieder in den Ofen schieben, die Gratins bei 200 °C 15 bis 20 Minuten überbacken. Die Kruste sollte leicht knusprig werden. Warm servieren.

Variante
Zwetschgen durch Aprikosen (ebenfalls vorgaren) oder Beeren (roh verwenden) ersetzen.

Honig

Summ summ summ – Bienen, summt herum!

·– Wie wäre es, wenn … –·

Es war ein stiller Frühling, ein stiller Sommer. Die Weide vor dem Haus blühte, die Sonne schien, aber es kamen keine Bienen. Auf der Wiese explodierte die Blumenpracht – alles in eigentümlicher Stille, weil kein Bienchen sich zu ihr verirrte. Nun stehen die Sonnenblumen mit gebeugtem schwerem Haupt – und es summt. Eine, zwei Bienen! «Die geben keinen Honig», weiß die Nachbarin. «Aber sie tragen immerhin den Blütenstaub von Blume zu Blume.» – Wie tönt das in Jürg Reinhards «Sanfte Heilpraxis» noch anders: «Wo Blüten sind, sind auch Bienen. Wo Bienen sind, beginnt es auch zu blühen. Wenn die Bienen in der Nähe des Menschen sind, fängt er an zu blühen und wird fruchtbar.» Diese Worte lassen erahnen, welchen Verlust wir erleiden würden, wenn die Bienen ausblieben.

·– Kristalle aus dem Reich der Bienen –·

Welcher Kontrast dazu in Marco Paronis naturbelassenem Garten! Seine Bienenvölker stehen in gut transportierbaren Kisten, Imker nennen sie Magazinbeute, im hinteren Teil zum Feldrand. Da summt es munter, Bienen fliegen ein und aus. Ihr sprichwörtlicher Fleiß an diesem heißen Sommernachmittag ist nicht zu übersehen. Zwei Gartenstühle in der Nähe laden ein zum Sitzen und Eintauchen in ihre Welt. Vor Stichen brauchen sich selbst Besucher nicht zu fürchten, auch wenn sie sich in der Bienensprache nicht auskennen. Marco Paronis Bienen sind nämlich äußerst friedlich. Man kann sich sogar vor das Einflugloch stellen und so umschwärmt sein, dass einem der Kopf summt – stechen wird keine, außer sie wird bedrängt.

Marco und Esther Paroni haben sich in einem alten Studhaus ein Paradies geschaffen, in dem alle Veränderungen im Einklang mit der Natur gemacht wurden. Das Haus atmet, die Liebe zum Lebendigen wird spürbar. Im Eingang befindet sich ihr kleines Honiggeschäft: feiner Blütenhonig, Kerzen aus Bienenwachs, Propolis, Hautpflegeprodukte.

Auffallend ist, dass der dunkle, flüssige Waldhonig im Angebot fehlt. «Alle wollen flüssigen Honig, der nicht kristallisiert. Der reine und rare Weißtannenhonig bleibt etwas länger flüssig, aber auch er kristallisiert. Denn ein Honig, der flüssig bleibt, verfügt gerade nicht über das, was einen hochwertigen Honig auszeichnet: Die Kristallisationsfähigkeit.» Begeistert weist Marco Paroni uns auf die kleinen hellen Ansammlungen im ansonsten noch dunkelgelben Honig hin: «Hier bilden sich die Kristalle, Honigblumen nenne ich sie; ein Zeichen dafür, dass der Honig nicht erwärmt wurde. Honig, der kristallisiert, ist wirklicher Qualitätshonig. Das wissen die meisten Konsumenten nicht. – Honig enthält über 600 verschiedene Inhaltsstoffe, unter anderem Vitalstoffe, wertvolle Zuckerarten, hochwertige Säuren, Mineralstoffe, Vitamine, Fermente... unvorstellbar.» Eberhard Bengsch vom Max-Planck-Institut München befasst sich mit dem Heilpotenzial der Bienenprodukte. Laut ihm ist Bienenhonig die beste Lebensversicherung. Dies kann Marco Paroni nur bestätigen. «Der Körper sagt einem genau, wie viel Honig er braucht. Am Anfang kommen die Kunden manchmal schon nach ein paar Tagen wieder und brauchen Nachschub – ihr Bedürfnis nach Vital- und Mineralstoffen ist immens. Wenn dann ihr Depot aufgefüllt ist, verschwindet diese übermäßige Lust auf Honig und wir sehen die Kunden jeweils erst nach ein paar Wochen wieder.»

Unvorstellbar, dass der Mensch diesen Reichtum durch Erwärmen größtenteils zerstört, nur weil er einen flüssigen Honig möchte. Bei Paronis wird der Honig nie erwärmt, nicht einmal beim Schleudern. Im Bienenstock drin ist es ungefähr 35 Grad warm; der Raum, in dem das flüssige Gold aus der Wabe geschleudert wird, sollte ebenfalls 20 bis 25 Grad warm sein. Nach dem Filtrieren wird der Honig ungefähr drei Tage lang stehen gelassen, dann wird er in noch flüssigem Zustand direkt ins Glas abgefüllt. – Im Übrigen hat Marco Paroni nichts gegen einen feinen, dunkel fließenden Waldhonig. Er ist einfach ganz selten als wirkliches Naturprodukt zu bekommen, da es in unserer Gegend kaum ausgedehnte Tannenwälder gibt. Sein System mit den mobilen Kisten erlaubt es ihm jedoch, diese an andere Standorte zu bringen. Einerseits in eben diese Tannenwälder, andererseits in die Tessiner Kastanienwälder, aus denen ein ganz besonderer Honig heimgebracht wird: etwas dünkler und herber – eine Delikatesse. Er kann seine Völker auch rasch umplatzieren, wenn in einem Fluggebiet wider Erwarten Antibiotika eingesetzt werden. Dass er seine Bienen biologisch hält, ist das eine. Was draußen auf den Feldern und in den Obstgärten geschieht, ist das andere.

·– Honig aus biologischer Bienenhaltung –·

Bio-Honig – das kann es doch gar nicht geben, ist eine häufige spontane Reaktion von Konsumenten. Wie will der Imker wissen, wo seine Bienen Nektar gesammelt haben? Bienen können, je nach Tracht, das heißt Blütenangebot, in einem Umkreis von wenigen Metern sammeln, jedoch auch bis zu zwanzig Kilometer Distanz zurücklegen, um so ihren Vitalstoffbedarf zu decken. Und das Glück, ausschließlich von biologisch bewirtschaftetem Land umgeben zu sein, hat heute kaum noch jemand. Auch Marco Paroni nicht. Er klärt auf: Richtigerweise müsste es heißen «Honig aus biologischer Bienenhaltung».

Denn das, was die Biene heimbringt, ist ein Rohstoff. Erst im Bienenstock wird Honig daraus.

Bienen haben ein äußerst feines Sensorium für vergiftete Pflanzen. Ihr eigentliches Interesse ist ja, für ihre Brut einwandfreien Nektar nach Hause zu bringen. Mit Insektiziden stark belastete Pflanzen töten die Biene sofort; leicht belasteten Nektar reinigen sie selbst, um ihre Brut nicht zu gefährden. Unter anderem gehört dazu, dass der Fettkörper der Biene und das Wachs in den Waben die Insektizide ausfiltern.

Ob ein Honig bio ist oder nicht, entscheidet also der Imker. Was setzt er im Bienenstock ein? Erlaubt ist vieles – Bio-Imker arbeiten nur mit Ameisensäure, Oxalsäure und ätherischen Ölen. Zudem wird in einer Bio-Imkerei das Wachs auf Schadstoffe hin untersucht – hier sind die Bio-Verordnungen streng. Dagegen erlauben sie das Erwärmen des Honigs.

Eine andere Geschichte sind die seit Neustem erlaubten Antibiotika-Spritzungen bei Obstbäumen. Nachdem sich alle Imker strikte an das sich selbst auferlegte Gesetz gehalten haben, keine Antibiotika in was auch immer für Fällen einzusetzen, kommen die Bienen nun bei ihrem Besuch auf den Obstbaumblüten damit in Kontakt. Und Antibiotika können von der Biene nicht ausgefiltert werden, sie bleiben vollumfänglich im Honig drin.

Zwar kommt kein mit Antibiotika belasteter Honig auf den Markt – er wird sofort vernichtet –, aber dies ist für einen Imker, der sich mit Leib, Seele und Begeisterung für gesunde Bienen und naturreinen Honig engagiert, ein bitterer Brocken, den er kaum schlucken mag.

·– Eine Frage der Rasse –·

Marco Paronis Bienenrasse stammt ursprünglich aus einem englischen Kloster. Der deutsche Bruder Adam züchtete die Buckfast-Biene Anfang des letzten Jahrhunderts, nachdem ein massives Bienensterben den größten Teil des Bienenbestandes vernichtet hatte. Beeindruckend ist nicht nur das offensichtlich friedliche Verhalten dieser Bienenrasse, sondern auch ihre natürliche Widerstandskraft und Gesundheit. Dies ist in Anbetracht des aktuellen großen Bienensterbens besonders wichtig. Selbstverständlich braucht es auch Erfahrung und kluges Verhalten des Imkers. Und Erfahrung hat Marco Paroni nun tatsächlich. Seit mehr als vierzig Jahren lebt er mit den Bienen und lernt von ihnen. Als langjähriger Bieneninspektor sieht er, wie es tatsächlich um die Bienen steht. Als Imkerberater und in Vorträgen gibt er sein Wissen an andere weiter. Noch teilen nicht viele seine Ansichten. Trotzdem: Während unseres Gesprächs klingelt zweimal das Telefon – Imker, die ihn um Rat fragen oder eine Königin von ihm möchten, weil sie mit ihrem Latein am Ende sind. Pionierhafte Neuerungen setzen sich oft nur schwer durch. Gerade in der Schweiz schwört man auf die schwarze Bienenrasse, eine wunderbare Biene, die aber im Laufe der Jahre durch Inzucht und falsche Haltung so geschwächt wurde, dass sie den aktuellen Krankheiten nicht mehr gewachsen ist.

Marco Paronis 90 Bienenvölker geben ihm recht: Bisher ging keines der Völker wegen der Varroamilbe ein; sie wurden dank richtiger Behandlung selber mit ihr fertig. Und auch die Sauerbrut hat sich bei ihm nicht ausgebreitet.

·– Imkerwissen –·

Allerdings braucht es manchmal nicht nur Fingerspitzengefühl, sondern auch unsentimentale Entschlusskraft. Denn wenn ein Volk den Sommer über wenig Honig heimbringt und eindeutig zu schwach ist, um mit allfälligen Krankheiten umgehen zu können, muss man es eingehen lassen und nicht mit allen möglichen Mitteln am Leben zu erhalten versuchen. Man verhindert damit ein Einschleppen von Risiken, die auch die anderen Völker gefährden. Das nicht naturgemäße Verhalten der Imker hat mit zur heutigen katastrophalen Situation beigetragen, ist Marco Paroni überzeugt. – Ein Beispiel ist der fehlende Respekt vor dem Honig, den die Bienen im Brutraum für die Aufzucht der Jungen brauchen. Diesen tastet er nie an. Hingegen leert auch er den oberen Vorratsraum – sonst gäbe es für uns Menschen überhaupt keinen Honig. Als Ersatz für diesen Verlust gibt er seinen Bienen vor dem Winter gerade so viel Rohrohrzucker, dass sie überwintern können.

·– Ein Plädoyer für manchmal lästige Insekten –·

Weshalb aber ist die Biene denn so wichtig? Bienen sorgen seit 50 Millionen Jahren für Fremdbestäubung, die eine Voraussetzung für keimfähige Samen und Früchte ist. Aus Analysen des Honigpollen weiß man, dass Honigbienen 80 Prozent aller insektenblütigen Pflanzen bestäuben. Ihr Beitrag für die Evolution und ihre Bedeutung im Kreislauf der Natur sind einzigartig.

Was, wenn es sie nicht mehr geben würde? Dazu Hans-Rudolf Herren, der Insektenforscher: «Allein Bienen erzielen weltweit eine wirtschaftliche Wertschöpfung von mehreren Billionen Franken – hauptsächlich durch Bestäubung von Pflanzen. Andere Insekten stehen ihnen in nichts nach. Da mutet es schon sehr eigenartig an, wenn den großen Chemiefirmen nichts anderes in den Sinn kommt, als diese kleinen Goldgräber zu vernichten. – Die Zahl der Bienen hat in den letzten Jahren dramatisch abgenommen. Hauptgrund für diesen gefährlichen Prozess ist, da bin ich mir ziemlich sicher, die moderne Landwirtschaft. Wir haben unsere Landschaft und unsere Felder von Unkraut ‹befreit› und den Bienen damit die Nahrungsgrundlage genommen. Wir haben die Felder mit Pestiziden besprüht und die Bienen damit vernichtet. Und wir haben in den letzten Jahren sogar begonnen, die Gifte mittels Genmanipulation in die Pflanzen selbst einzuschleusen. All diese Tätigkeiten haben nicht nur unseren Honigbienen zugesetzt, sondern auch den wilden Bienen, die den weitaus größten Teil dieser Spezies ausmachen. Was das auf Dauer bedeuten wird, darf man sich kaum ausmalen. Ein Umschwenken ist unerlässlich» (Newsletter BioVision).

·– Was die Bienen uns sagen wollen –·

«Bei den Bienen geht es um alles», meint auch Esther Paroni, die zwar nicht die Bienen-, dafür aber die Pferdesprache versteht. Aber wer ein Gespür für die Natur hat, kann sich dem Leiden von Pflanzen und Tieren nicht mehr verschließen. «Es ist vermutlich kurz vor zwölf. Aber ein grundlegendes Umdenken kann die Bienen retten.» Die Meldung, wie die aufgrund des akuten Bienensterbens in Obstplantagen ausbleibende Befruchtung durch den Menschen gelöst wird, erschüttert sie tief: «Nun stellt man Bienenvölker mitten in diese von Streptomycin verseuchten Plantagen und lässt sie ihre Bestäubungsarbeit tun – im Wissen, dass der Honig danach vernichtet werden muss. Dieser hochkomplexe und weise Bienenstaat wird missbraucht, indem man ihn wie eine Maschine einsetzt.»

Auch für Marco Paroni ist es manchmal schwer, optimistisch zu bleiben. Seinem ganzheitlichen Denken gemäß gibt es aber durchaus Möglichkeiten, aus den Symptomen zu lernen und unser Ökosystem zu retten. Denn die Bienen zeigen seiner Meinung nach als frühe Glieder im Kreislauf an, was falsch läuft. Es bleibt ihm nichts anderes, als darüber zu reden, Lösungen aufzuzeigen, Hilfe anzubieten.

Ob er seine Weisheit aus der Beschäftigung mit diesen wunderbaren Tierchen nimmt, die in der Gesamtheit des Bienenvolkes ein großartiges Gehirn bilden? Im Bienenstock drin ist mehr Weisheit zu finden als rundherum. Dafür sind die Gartenstühle da: Sich Zeit nehmen, um mit offenen Sinnen und wachem Geist den Geheimnissen der Natur auf die Spur zu kommen.

suisse
bio
biozertifiziert

Wein

Weine mit großer Seele

·– Vision, Charakter und Qualität –·

Die Rovero-Siedlung mit der charakteristischen kleinen Kapelle aus Ziegelsteinen liegt still unter der brennend heißen Augustsonne. Nichts deutet darauf hin, dass hier in wenigen Tagen die Weinlese beginnen wird. Enrico, Önologe der jüngsten Rovero-Generation, empfängt uns herzlich. Er nimmt sich Zeit, uns in die Rebberge zu führen und uns die verschiedenen Stationen zu zeigen, welche der Rebensaft durchläuft, bis er ein spritziger Brachetto, ein kräftiger Barbera Vigneto Gustin oder ein vollendeter Rouvé ist.

Morgen wird Enrico entscheiden, wann genau mit der Ernte begonnen werden soll, piano piano, sagt er heute, aber morgen früh wird er schon etwas unter Druck sein, weil die Wetterprognose noch mehr Sonne und steigende Temperaturen verheißt. Die Weinlese ist immer eine Herausforderung, die man gut planen muss. Wo im Rebberg wird begonnen, mit wie vielen Lesern, wann ist der ideale Zeitpunkt für den ersten Durchgang? In diesem Jahr ist die Aufgabe noch etwas kniffliger als sonst. Das Wetter war extrem, viel Schnee im Winter, viel Regen im Frühjahr, was die Beeren groß und prall gefüllt werden ließ und die Reben zur Produktion immer neuer Triebe anregte. Und dann die große Hitze im August, welche die der Sonne zugewandten Trauben sehr schnell reifen ließ, ja, nun gar zu verbrennen droht, während die im Laub versteckten Beeren noch weit von der Reife entfernt sind. Wie sich das auf die Qualität des Weins auswirken wird, kann man nicht im Voraus sagen.

Der Zeitpunkt der Lese ist einer der vielen Faktoren, die die spätere Qualität des Weins und seinen Charakter prägen. Ein weiterer ist die Lage innerhalb des Rebberges: In den unteren Reihen werden weiße oder eher anspruchslose blaue Sorten angepflanzt, italienischer Riesling oder Merlot zum Beispiel, der immenses Potenzial hat, wenn er nicht zu schnell reift. Hier scheint die Sonne weniger lang; der Temperaturunterschied zu den oberen Partien kann bis zu vier Grad betragen. Die Barbera-Traube bekommt den Spitzenplatz im Rebberg. Eine anspruchsvollere Traube, die bis zu drei Wochen später reif ist als der Merlot, dafür können aus ihr hier Weine gemacht werden, die zu den ganz großen gehören, gerbstoffarm und alkoholreich sind und viel Vergnügen beim Genuss bereiten. Wenn nach der Ernte alles optimal läuft.

Nachdem Boden, Lage und Wetter die Traube geprägt haben, folgt nun jene Phase, in der der Weinmacher mittels verschiedener Regulierungen die Richtung des Weins bestimmen kann. «Am Anfang steht immer eine Vision», erklärt Enrico Rovero versonnen. «Wo will ich mit einem Wein hin? Wie soll er werden? Danach gibt es unzählige Wege, um das Ziel zu erreichen. Ob ich den für mich richtigen finde, ist immer eine spannende Herausforderung.» Da nach der Gärung in der Phase des Reifens unzählige Mikroorganismen den Prozess beeinflussen, welche je nach Temperatur oder Druck in den jeweiligen Zeitabschnitten unterschiedlich wirken und durch andere wiederum unvorhersehbar beeinflusst werden, sind die Möglichkeiten der Entwicklung unbeschränkt. «Das Ziel ist das Wichtigste», hakt Enrico nach. «Und da wir als biologische Weinmacher keinerlei Zusätze beigeben, welche einen Wein besser scheinen lassen, als er ist, sind wir mit unserer großen Erfahrung natürlich im Vorteil. Aber noch so viel Erfahrung kann nicht die Gabe der Intuition und das nötige Glück ersetzen. Das Weinmachen ist nicht eine Wissenschaft, sondern eher eine Unwissenschaft. Es gibt keine absoluten Größen, an die man sich halten kann. Es braucht viel Gefühl. Und manchmal etwas Erfindergeist. Erst wenn der Wein im Barrique, im Holzfass, liegt und seine Jahre 'absitzt', bis er zu einem großen Wein herangereift ist, können wir entspannen. Bis dahin muss nur noch regelmäßig kontrolliert werden, ob nicht ein unvorhersehbares Ereignis eingetreten ist, auf welches man reagieren müsste.»

·– Tradition des Hauses: Far bene! –·

Das Weingut des Rovero-Clans liegt ein paar Kilometer südlich von Asti. In dem kleinen, idyllischen Seitental leben und wirken die Familien der drei Brüder Claudio, Michelino und Franco; die beiden ersten sind in erster Linie zuständig für die Weinberge, Franco hat die Grappa-Brennerei unter sich. Enrico, Sohn von Michelino, ist Weinmacher und verantwortlich für die Kommunikation. Die Ehefrauen betreuen den Agriturismo und sorgen fürs leibliche Wohl der Gäste.

Bis in die siebziger Jahre betrieb man einen Bauernhof – nach traditioneller Art ohne chemische Zusätze, aber noch nicht bewusst nach biologischen Kriterien. Die Maxime des «Far bene» – etwas gut zu machen – beseelte allerdings die Roveros schon immer. Gute Qualität, auch wenn es weniger wirtschaftlich ist. Ein Akt des Widerstandes gegen die allseits anerkannten Marktgesetze des immerwährenden Wachstums und der Renditen, die ständig wachsen müssen!

Als dann die Wunder der chemischen Unkrautvertilger und Schädlingsbekämpfung gepriesen wurden, setzte man diese versuchsweise vorsichtig ein. Aber die Roveros reagierten mit Allergien – und nun entschied man sich bewusst für das Abenteuer Bio-Wein und -Grappa. Dies entsprach der ganzheitlichen Auffassung von Natur und Mensch, die hier schon immer gelebt wurde. Seither werden die erlaubten Hilfsstoffe wie Schwefel und Kupfer auf das absolut notwendige Minimum reduziert.

Claudio, der Onkel von Enrico, sinniert, während die untergehende Sonne den Hof mit goldenem Licht erfüllt: «Ehrlich gesagt, einfach guten Bio-Wein oder Grappa zu machen, ist für mich nicht genug Motivaion, um all die zusätzliche Mühe und Arbeit auf uns zu nehmen, wenn wir nach den bestehenden Bio-Verordnungen produzieren. Mich interessiert das Wohl der Erde, dieses Bodens hier. Er soll durch unsere Arbeit lebendig bleiben. Und mich interessiert, wie es den Menschen weltweit geht. Wie könnte ich zufrieden sein, wenn nur ich und meine Nächsten von biologischen Lebensmitteln, feinem Bio-Wein und einer naturnahen Medizin profitieren könnten? Bio-Anbau heißt für uns, verbunden sein mit dem Ganzen. Nicht nur hier das Beste machen, sondern auch weiterdenken und solidarisch sein.»

Das also ist der Grund, weshalb die Roveros einige Male mehr durch ihre Rebberge gehen und mehr Ranken und Trauben herausschneiden als konventionelle Weinbauern. Aus demselben Grund lüften sie die Erde und jäten sie das Unkraut in Handarbeit, immer wieder, verzichten auf gigantische Erträge und Umsätze. Und aus diesem Grund stehen die prächtigen Rosenstöcke jeweils am Ende einer Rebzeile: Sie werden als Erste von den Schädlingen befallen, so dass der Bauer gleich vorbeugend reagieren kann, ohne je die Giftspritze einsetzen zu müssen.

·– Aus Kunden werden Freunde –·

Dieser Grundhaltung entspringt auch die Philosophie, dass Kunden und Geschäftspartner Freunde sein sollen. Wer hierher kommt, lernt nicht nur eine traumhaft schöne Landschaft und köstlichen Wein oder Grappa kennen, sondern erlebt auch eine warme, herzliche Freundschaft, die unter jenen entsteht, die nicht nur den eigenen Vorteil, sondern das Wohl des Ganzen im Auge haben. Für ihre Besucher bieten die Roveros in einem alten Bauerngut großzügige Gästezimmer an, selbstverständlich mit ausschließlich natürlichen Baumaterialien renoviert. Agriturismo nennt sich das. Michela, Enricos Frau und Mutter von lebhaften Drillingen, nimmt sich in wunderbar persönlicher und doch freilassender Weise der Gäste an. Das feine Degustationsmenü am Abend darf man sich nicht entgehen lassen. Aus der Küche kommen lauter Spezialitäten des Piemonts, begleitet von den passenden Weinen. Die Ehefrauen der Rovero-Brüder Claudio, Michelino und Franco stellen all die Köstlichkeiten in Handarbeit her, während die Ehemänner die Gäste bedienen. Tutto in famiglia.

·– Berufung Weinmacher –·

Für Enrico gab es nie Zweifel: Auch er würde Weinbauer werden. Mit vierzehn besuchte er die unter Kennern berühmte Scuola di viticoltura ed enologia in Alba, die ihn stark prägte. In einem Praktikum setzte er sich mit der Weinkultur Frankreichs auseinander. Dies gab ihm den entscheidenden Impuls, Neues auszuprobieren – bis heute. Und dann kommt Enrico ins Schwärmen. «Wer an dieser Schule lernen darf, ist privilegiert!» Ihr Markenzeichen sind lauter vom Weinbau begeisterte und äußerst motivierte Mitschüler und Lehrende, beseelte Fachgespräche schon während der Schulzeit und lebenslängliche Freundschaften unter allen Schülern, die sie absolviert haben. «Man erkennt sich sofort, auch wenn dreißig Jahre Altersunterschied bestehen; wer in Alba studierte, ist von einem ‹Virus der Brüderlichkeit› befallen. So empfinde ich auch meinen Onkel nicht als zu einer älteren Generation gehörend: Wir sind alle wie Brüder, und wir trennen nicht zwischen Arbeit und Freizeit. Wir alle versuchen, unseren Weinberg ganz aus der Nähe zu kennen, seine Bedürfnisse, seine Stimmungen wahrzunehmen. Alles gehört zusammen, der Wein, die Natur, die Freundschaften mit Menschen, die Vernetzung … dies alles zusammen ergibt ein wunderbar kreatives Leben, wenn man sich einmal mit der Seele des Weins verbunden hat!»

Deshalb ist es ihm so wichtig, dass die Menschen sie hier besuchen kommen. Sie sollen selbst diese Verbundenheit erleben, die Natur sehen, in der «ihr» Wein entsteht. «Erst hier gehen ihnen die Augen auf. Wer Wein liebt, hat eine starke emotionale Seite. Und eine philosophische. Dies verbindet uns weltweit …» – Dass damit die Genusstrinker gemeint sind, versteht sich von selbst. Ja, Enrico wird beim Abendessen nicht mehr als ein paar Schlucke trinken. Aber er wird immer wieder das Glas an die Nase heben, um die Essenz des Weins zu erfassen, und wenn er einen Schluck genommen hat, wird er lange im Gaumen den Nachklang kosten.

·– Sensorik – eine individuelle Geschichte –·

Wie erkennt man einen guten Wein? Auch hier gilt: Es gibt keine exakten Regeln wie in der Mathematik. Oder bei Coca Cola. Niemand spricht über Coca Cola, denn es ist immer genau gleich. Nicht so der Wein. Ob man ihn gut findet oder nicht, ist weitgehend Ansichtssache. Und wieder: Emotion. Neugier. Das ergibt die Faszination, das Mysterium. Deshalb lieben es die Menschen, immer wieder über Wein zu sprechen. Sie lernen riechen, schmecken, genießen. Jedenfalls jene, die sich bewusst dafür Zeit nehmen.

Aber noch ist Enrico mit seiner Definition eines großen Weines nicht ganz zufrieden. Ein weiterer Punkt ist für ihn ein Faszinosum: Die Weinherstellung ist eine geniale Art der Konservierung. Man fängt die Wärme der Sonne, den Charakter der Erde und die Emotionen der Weinbauern ein und kann sie in der Flasche in alle Welt transportieren. Die Qualität, der Charakter bleiben, ja, verbessern sich sogar im Laufe der Zeit! Wo sonst findet man dieses Phänomen? Aber man muss darüber reden. Biologischen Wein zu produzieren reicht nicht aus für ein gutes Marketing. Man muss den Käufern sagen, was sie mit einer Flasche Wein oder Grappa von den Roveros erwerben. Und wie sie diese genießen können: Dem Wein Luft geben, sich selber Zeit lassen, riechen, schmecken, sich entführen lassen.

ROVERO
ROVERO

Die Zusammenarbeit mit der Weinhandlung am Küferweg in der Schweiz ist unter anderem aus diesem Grund so wertvoll: Hier wird kommuniziert. Der Katalog ist legendär, ein Lesebuch zum Wein, das über den Wein und seine Macher erzählt, ergänzt durch emotionales Bildmaterial. Davon kann ein Weinmacher nur träumen.

·– Weinkultur und Kunst –·

Das Weingut des Rovero-Clans wurde wie viele andere Biowein-Produzenten von Küferweg-Begründer Heiner Stolz entdeckt. Wenn man hier von der Qualität eines Weins überzeugt ist, werden der Betrieb und seine Bewohner besucht, denn es gilt herauszufinden, ob man sich mit den Produzentinnen und Produzenten gut versteht und in etwa gleicher Meinung ist über den Zustand der Welt... Der beste Wein würde nicht ins Sortiment aufgenommen, wenn es menschlich nicht durch und durch stimmen würde. Denn es soll nicht Schein verkauft werden, sondern Authentizität.

Im Laufe der Jahre entwickelt sich jeweils eine enge Beziehung, auch für den Importeur eine Bedingung, ohne die er nicht zusammenarbeiten könnte. Dazu Markus Schamberger, der jetzige Geschäftsführer: «Wir gehen einen langen Weg mit einem Produzenten, wenn wir uns einmal von der Qualität seines Weins und dem stimmigen emotionalen Umfeld überzeugt haben.»

Einige der Rovero-Weine wurden in der Originalabfüllung ins Sortiment aufgenommen, der Barbera d'Asti dagegen vertritt seine Rebensorte würdig in der Kollektion der sortenreinen Weine. Er bekam deshalb eine vom berühmten Illustrator Tomi Ungerer gestaltete Etikette. Denn Kunst und Wein- sowie Begegnungskultur, das gehört beim Schweizer Importeur untrennbar zusammen. Zum Beispiel an den jährlichen Degustations- und Kulturfesten, an denen man immer auch Produzenten kennenlernen und mit ihnen ins Gespräch kommen kann.

Dazu noch einmal Enrico Rovero: «Wir wollen nicht die Masse erreichen, sondern jene, welche die Natur und ihre Geschenke schätzen. Nicht die Quantität ist entscheidend, sondern die Intensität. Wie immer, wenn es um Wein geht.»

So findet jedes Weingut die ihm entsprechende Größe. Auf «Il Milin» hat man ein gutes Mass gefunden, und man macht sehr gute biologische Weine. Was will man da mehr?

Weinhandlung am Küferweg

Weinhandlung am Küferweg
WeinHandlung
am
Küferweg
WeinHandlung
am
Küferweg
REMELLURI
PAGO LA JARA

Labels

Schweiz

BIO

BIOSUISSE

demeter
Ausgezeichnet biodynamisch.

KAG freiland
für Kuh, Schwein, Huhn & Co.

bio

naturaplan BIO

fidelio BIO SUISSE

Österreich

AUSTRIA Bio GARANTIE AT-N-01-BIO

Bio AUSTRIA

demeter

Deutschland

BIO nach EG-Öko-Verordnung

demeter

Bio KREIS

Bioland
ÖKOLOGISCHER LANDBAU

ÖKOLOGISCHER LANDBAU
BIOPARK

Gäa e.V.
Ökologischer Landbau

Naturland

Adressen

Biofarm Genossenschaft
beim Bahnhof, 4936 Kleindietwil
www.biofarm.ch

Sativa Rheinau AG
Klosterplatz, 8462 Rheinau/ZH
www.sativa-rheinau.ch

Sennerei Bachtel
Sennhüttenstr. 13, 8342 Wernetshausen
www.sennerei-bachtel.ch

Bio direct AG
Lauterbachstr. 11, 4665 Oftringen
www.biohof-scheibler.ch
www.bio-direct.ch

Bio-Metzgerei Stettler AG
Marktgasse 15, 4900 Langenthal
www.bio-metzg.ch

Hosberg AG Bio-Eierhandel
Neuhofstrasse 12, 8630 Rüti
www.hosberg.ch

Weinhandlung am Küferweg AG
Küferweg 3, 8912 Obfelden
www.kueferweg.ch

Bio-Tofurei Noppa AG
Neuhofstrasse 14, 8630 Rüti ZH
www.noppa.ch

Gebr. Paroni GmbH
Berkenstrasse 9, 3373 Heimenhausen

Amanita-Delikatessen AG
Weid, 8912 Obfelden
www.amanita-delikatessen.ch

Bildlegenden

Register

M

N

O

P

Q